地球市民
のための
SDGs

影浦亮平・辰巳　遼

晃洋書房

目　　次

イントロダクション ………………………………………………………… 1
　SDGs を学ぶ　（1）
　無条件に受け入れることの恐ろしさ　（1）
　本書の目的　（4）
　SDGs とは　（5）
　SDGs の正当性　（7）
　MDGs と比較しての SDGs の特徴　（9）
　ビジネスサイドから見える SDGs　（13）

第 1 章　持続可能な開発とは何か ……………………………………… 17
　はじめに　（17）
　経済成長支援の文脈　（17）
　環境問題への注目　（20）
　持続可能な開発の概念の登場　（23）
　未来の世代を配慮することの理論的な難しさ　（25）
　持続可能な開発の考え方の影響下にある SDGs　（27）

第 2 章　環境を配慮しつつも経済成長を堅持するという方向性 …… 29
　はじめに　（29）
　大量生産・大量消費の社会の成立　（29）
　資源の有限性と廃棄物の問題　（31）
　SDGs が示す国際社会のアプローチ　（32）
　資源をそもそも活用することを前提　（34）
　生産者・消費者の意識変革　（36）
　食料に関して　（38）

第 3 章　フェアトレードとエシカル消費 ……………………………… 41
　SDGs の目標 8 に注目　（41）

強制労働・児童労働・人身売買の撲滅というターゲット　*(43)*

ターゲット8.7の指標について　*(44)*

なぜ児童労働は問題か　*(47)*

なぜ児童労働が必要なのか　*(48)*

児童労働問題とわれわれ消費者との関係　*(50)*

われわれ消費者が取るべきアプローチとは　*(51)*

フェアトレードとは　*(52)*

フェアトレード商品への嗜好　*(56)*

エシカル消費の根本にある新しい精神文化　*(57)*

第4章　ジェンダー平等の実現に向けて ································ *61*

はじめに　*(61)*

持参金という文化　*(62)*

持参金文化の帰結　*(64)*

文化を変える必要性　*(66)*

個人の能力強化の必要性　*(69)*

中絶に関する日本の状況の事例　*(70)*

母体保護法の問題　*(72)*

労働とジェンダー　*(76)*

第5章　エネルギーから見る環境問題 ···························· *79*

蒸気機関の世界　*(79)*

電気エネルギーへの変換　*(80)*

再生可能エネルギー　*(82)*

クリーンエネルギー　*(82)*

総合的な見地からの環境負荷について　*(86)*

SDGs におけるエネルギーの考え方　*(88)*

化石燃料を完全に手放すことは可能か　*(90)*

二酸化炭素排出に対する経済学的な見方　*(92)*

炭素税について　*(95)*

目　　次　iii

第6章　シティズンシップと市民について　99

はじめに　(99)

古代ギリシャにおける市民と民主主義の誕生　(101)

主権概念の登場　(103)

現代的なシティズンシップ——ルソーの社会契約論　(105)

シティズンシップの困難さ——大衆社会と官僚制的支配の時代　(112)

それでもなお市民の声は重要である　(114)

第7章　地球市民と教育　117

開発と ESD　(117)

SDGs 達成のためのコンピテンシー　(121)

多文化状況の中のシティズンシップ　(126)

第8章　文化と感情　131

線引きとしての文化　(131)

文化と言葉と行動の関係　(133)

デジタルメディアが生み出す分断の時代　(135)

終　章　グローバルシティズンシップの構築に向けて　145

共感の差　(145)

国家の限界と地球市民の必要性　(146)

共感の障壁　(147)

行動を起こせる状況が整っているか否か　(150)

行動の負荷が大きい場合　(151)

教育の重要性　(154)

社会情動領域の論点　(156)

行動領域の論点　(158)

あとがき　(161)

イントロダクション

SDGs を学ぶ

　本書は，SDGs を学ぶことを目的にしている．とはいっても，最初に断っておかなければならないことであるが，SDGs は別に暗号文の類ではない．オリジナルは英語で書かれたものであるが，日本語訳はすでに様々な機関なり個人なりが作成したものが簡単に手に入る．日本語訳の文章は特に何かの専門家でなくとも，誰でも理解可能なほど明晰なものである．SDGs に書いてあることを知りたいということであれば，実際のところ，そうした日本語訳や，オリジナルの英文を手に入れて，直接読むのが一番良い．どのような解説文にしてもオリジナルより情報が正確だということはあり得ない．

　したがって，本書の目的は SDGs を学ぶことではあるが，それは SDGs に書かれていることを理解するということではない．そうであれば，繰り返しになるが，オリジナルは決して暗号文の類ではないので，そちらを直接読むのが一番である．では本書の存在意義は何なのかと言うことになるが，本書ではむしろ，そうした SDGs の背後にあるものの考え方というもののほうに焦点を当てたいと考えている．そして，SDGs において支持されているものの考え方とはいったい何なのかということに対する理解を深めていくこと，これが本書の狙いである．

無条件に受け入れることの恐ろしさ

　ただし，「理解する」ということは，「信じる」ということではない．本書の目的は決して SDGs の支持者なり信者なりを増やすことではない．実際，信じることは理解することとは程遠い行為であって，無数の情報が何のフィルター

もかけられることもなく濁流のように毎日押し寄せる情報化社会においてはとりわけ推奨されない行為である．このことをここで強調するのは，SDGs が教育の文脈で語られるときを意識してのことである．実際，本書も大学のテキストであることを意識して執筆しているものであるし，また幼稚園から高校までの教育の方針を定める学習指導要領の最も新しいバージョンにおいては「持続可能な社会の担い手」というテーマ設定がなされ，サステナビリティの概念が教育の世界に浸透するにつれ，SDGs も公教育の中に浸透しつつある．SDGs の中身を吟味することなく，無批判にただただ SDGs は正しいとして，その達成に貢献することを求める教育がなされるとすれば，SDGs 教育も情報化社会の弱者を生み出すことを促進することに貢献してしまう危険性があるものになるだろう．さらには，（後述するが）SDGs が求めている，ひとりひとりがものを考えて行動する市民としての態度とはまったく逆方向のものになってしまうだろう．

　それぞれの人間が自分の力でものを考えることができるようになるという社会の理想を明確に説いたのは 18 世紀の哲学者のカントである．カントは，著書『啓蒙とは何か』において未成年と成年の違い，要は大人と子供の違いについて論じている．それによると，未成年は，他人の言葉に依存して，自分で物事を判断することができない人間であるとされる．それに対して，成年は，自分で物事を考え，判断できる人間であるとされる．そして，それぞれの人間が未成年の状態を脱して成年になることをカントは求める．尚，自分で物事を決めるということは，必ずしも「他人の言うことを聞くな」ということではない．他人の言うことを聞くのも聞かないのも，そうすることに決めた自分の判断であって，自分の判断に対しては責任が発生するということと理解すべきである．

　現代の法律においても，未成年は判断能力が未熟であるがゆえにその判断に対する責任が負えないとみなされていることを考えれば，この考え方は少なくとも法律の分野では今日でも影響力が大きいと言えるだろう．ただし，成年になるのは 18 歳以上（2022 年 4 月 1 日より）だとする数字については，本当は根拠のないことである．法律の世界はともかくとして，現実世界においては，年齢に関係なく自分自身の決断が迫られ，その決断に対して責任を負わなければならない状況が時に生じてしまうことがある．たとえば，2011 年 3 月の東日本大

震災時の石巻市の大川小学校のケースを思い出されたい．小学校に津波が迫り
くる中，裏山に避難すれば助かったところ，状況判断ミスをして教員たちは児
童たちを堤防に避難誘導して，全員津波に呑み込まれたのだった．その後の裁
判においては，災害対策マニュアルの不備等の事前の備えが争点となったが，
裁判の結論がどうであろうと，失われた命が戻ってくることはない．判断を誤っ
た先生が悪いと言うことはできるし，法的な責任という観点からはその通りな
のだが，津波に呑みこまれた子供たちが，その償いを先生たちに要求できるこ
とはない．先生たちが誤った判断をしたのだとしても，その判断によって生じ
た子供たちの死に対して，先生たちが責任を取れることはない．

　誰もそのような極限的な状況に置かれたくはないが，仮にあの時，あの場に
いた子供たちが自分であったと想定してみよう．全員で集まって堤防に行くよ
うに指示する教員たちを前にして，子供である自分が生き残る道は何だったの
か．教員たちの指示に従わずに，裏山に逃げるしかなかったことだろう．先生
の言う通りに動いて死んだからと言って，先生が自分のことを生き返らせてく
れることはない．この悲惨なケースが如実に教えてくれる如何ともしがたい現
実とは，子供だからと言って容赦されることはなく，何歳であったとしても，
判断に対する責任を自分が負わざるをえない状況が，現実世界においてはいつ
でも生じる可能性があるということである．一般的に言って，われわれは普段
はわれわれの築いた文明生活の中で保護されていて，その中で成年や未成年の
区別もまた成立している．しかしながら，このケースに限らず，時にその保護
に破れ目が生じて，そこから自然が急にわれわれの目の前に立ち現れて牙をむ
くことがある．この状況に対する判断と対処の仕方によっては，命を落とすと
いう形で責任を取らされることになり，それは誰にとってもそうであって，例
外はない．誰の身にも起こりうることであって，年齢によってはその責任が免
除されるということはあり得ないのである．であれば，この世界で生き残るた
めに，何歳であっても自分自身で判断する能力を身に着けておくべきだという
ことになる．尚，SDGsもまた，ターゲット1.5，ターゲット11.5，ターゲット
13.1において自然災害に対するレジリエンス（強靭さ）を身に着けることの重要
性を主張している．

　教育者の視点から考えると，防災教育においては，様々なケースに対応する

ための備えを指導するとともに，事前の想定には収まりきらない現実もまた意識化させ，状況に応じて自分自身で臨機応変に考え判断できる能力を育成することもまた重視していく必要があることになる．昨今においては，主体的な思考力ないし判断力が日本の学校教育においてもキーワードにされることが多いので，以上の防災教育の考え方は現場に落とし込むことの難しさはあるにせよ，方向性としては，日本の教育関係者の多くにとっては概ね異論はないことだろう．実際，日本の学校教育のフレームワークを形作っている学習指導要領においてここ20年ほどは，「生きる力」が教育の目的のひとつとして定義されてきたのだった．そして，一般に公開される研究授業等を見る機会があれば，そうした趣旨に基づいた教育に取り組もうとする熱意にあふれている教員たちが日本の学校には数多くいることは事実であることを知ることができる．しかしながら，その一方で，こうした趣旨からは乖離した教育現場もまた大多数であるということも日本の学校教育の実情であろう．本書のテーマではないため詳細には立ち入らないが，様々な理由の下で，「無条件に受け入れる」態度を生徒に求める教育がなされている状況のほうが，実態として日常的によく見かけるものだ．表向きには人権尊重が訴えられつつも人権侵害にしか見えない校則が変わる気配もないし，微分とは何かを理解しなくても良いから，とにかく微分の計算法を身につけろと教えられるのである．このような教育環境に適合した人間ほど，学校環境の外で「生きる力」が弱まってしまっていることだろう．

　情報が氾濫する情報化社会においてはとりわけ，それぞれの情報に対して「無条件に受け入れる」ことほど恐ろしいものはない．それが自分の生死にかかわる情報や金銭的に甚大な損失を引き起こす情報であればなおさらである．「安易に人を信用してはいけない」，「人の言葉を吟味できるようになるために自分自身で考える力を身に着ける必要がある」と指導するのが，「生きる力」を習得するために本当に必要な教育のあり方だろう．

本書の目的

　以上を踏まえつつSDGsに話を戻すと，SDGsもまた「無条件に受け入れる」ことを良しとする環境の中で消費されていってしまうことは大いにあり得る．

本書はそうしたことに加担するべきではないという立場を取る。先ほど、本書の目的は決してSDGsの支持者なり信者なりを増やすことではないと述べたのはそういう趣旨である。したがって本書は、「SDGsなんて知らねえよ」、「SDGsなんて他人が考えたことで、私の考えたことではない」、「押し付けるなよ」と言う読者、すなわちカントの言うような「大人」の読者を肯定するし、そうした読者に読まれることを期待している。本書の目指すところは、SDGsを理解した上で、では自分はどうするべきかと自分で考えることができる読者が社会に増えてくる一助となることで、そのための一助になる内容を提供することにある。

　ただし、SDGsの理解と言っても、SDGsが取り上げているすべての項目について網羅していくつもりはない。それよりも、SDGsに含まれる特徴的な主張を吟味して、その背景にはどのような考え方があるのか、どのような精神文化があるのかということにフォーカスを当てていくというアプローチを本書は取りたい。それはつまり、今の国際社会が支持している思想とは何かということについて切り込んでいくことに等しい。この点については後に詳述する。

SDGsとは

　まずはもっとも基本的なところから確認していくが、SDGsはエス・ディー・ジーズと読む。エス・ディー・ジー・エスではない。この「ズ」と「エス」の違いについて触れておくと、SDGsはSustainable Development Goalsの短縮形であり、Gsの部分はGoalsの一単語なので、ジー・エスと分けて発音するのではなく、ジーズとつなげて発音するという具合である。英語の短縮形について、United Nations（国際連合、国連）をUNと短縮するように、単語の頭文字だけを並べて短縮形を作るほうが一般的である。比較で考えてみると、United Nationsの場合はUNであって、決してUNsではない。SDGsという短縮形は最後に小文字のSを付けることによって、Goal、すなわち目標はひとつではなく、複数あるということを強調しているということが、この英語表現から読み取れる。

　次に、日本語訳について触れておきたい。SDGsは公的には「持続可能な開

発目標」という翻訳で統一されており，日本政府としてはこれを定訳としたいようである．しかし，この翻訳の明らかな欠点は「開発」という日本語の意味が一般人には理解しにくい点である．「いったい何を開発するのを持続可能にする目標なのだろうか？」と不思議に思う人間が大半だろう．Developmentの英語に対して「開発」という日本語訳が当てはめられているわけだが，ここで言う「開発」は，国際協力の分野で働いているひとであれば，慣れ親しんでいる表現である．すなわち，世界の貧困国に対する支援活動の文脈で用いられる際の意味であって，比較的貧しい国の発展ないし経済成長を指している．しかしながら，後に詳述するが，SDGs が先進国を含めたあらゆる国に関係する国際目標を定めているという性質を考えた場合に，国際支援活動の意味に結び付けられやすい「開発」という日本語訳はもはや適切ではないだろう．そもそも国際支援の文脈でもこの言葉は，「未開地を開発する」「野蛮な地に文明を」というような上から目線の（あるいは植民地主義な）印象を与えるので，決して褒められた表現ではないだろう．仮に支援を受けている国の人がこの日本語表現のニュアンスを理解できるなら，決して気持ち良くは思わないはずだ．それはともかくとして，SDGs に関して，わかりやすさという観点からすれば，Development は「成長」という翻訳を当てはめるのが妥当だろう．しかも，この場合,成長の中でも経済成長の意味でとるのが妥当である．つまるところ，世界中の国の経済成長が持続可能であるために達成すべき目標を定義しているのが SDGs であるという理解が正しい．

　このSDGs であるが，2015年に国連で採択された国際目標であり，2030年までに国際社会が達成しなければならない17の目標（Goals）を定めている．情報の信頼性について，色々な基準がある中，まずは誰が発信している情報かを確認するのが，大切な情報リテラシーである．SDGs の場合は国連である．そこで「国連で決まったことだから，信頼できる．SDGs 推進，頑張ろう」と思えてしまう人間は，少し警戒心が弱いかもしれない．単に権威に弱く，権威を前にして，自分で考えることを簡単に手放してしまう人間ということもかもしれない．

SDGs の正当性

では逆に，「それはしょせん，あなたの考え．私の考えではない」という言葉で，SDGs を一蹴できるのだろうか．しかし，情報発信元の「誰」の部分である国連について，さらに精査してみると，それもそう簡単なことではないのもわかってくるだろう．SDGs が国連で採択されたということはどういう性質を帯びる事象なのか．そしてどのように策定され採択されたものなのか．こうしたことを考えてみると，SDGs に対してわれわれはどう向き合うべきかが見えやすくなるし，SDGs の正当性はそれほど弱くないということも見えてくる．

実際，SDGs にはかなり強い正当性があるが，それは先ほどの「誰」の部分が国連だからということではなく，国籍・社会階層を越えた大多数のひとたちとなるからである．以下の理由で SDGs を支持する人間がとてつもなく多く幅広い．一つ目は，この国際社会の目標は国際連合で採択されたという事実である．つまりそれは，国益も文化的背景も異なる国連加盟国が合意できたものであるということである．この点は，国連で実際に採択されてくる国際合意をそれぞれ比較してみれば一目瞭然なのだが，具体的な内容に触れるものになればなるほど，数字的なものに触れるものになればなるほど，一般的には合意は難しくなる．たとえば，平和な国際社会を構築しようという抽象的なスローガンであれば，どの国も合意できる．しかし，具体的なトピックになると，たとえば核軍縮の話になると，それぞれの国の国益がぶつかりやすくなり，途端に合意形成が難しくなる．国連の場での議論は，こうした状況を前提に，しかしどこまで具体的な事象に落とし込めるかというところで日々，難しい話し合いに励んでいるのが実情である．具体的な事象に対する国際合意は，本来極めて難しい．その点を踏まえて SDGs について検討すると，SDGs は相当具体的な事柄にかなりの程度で踏み込むことに成功しており，それだけ実効性の高い国際合意となっている．SDGs の正当性を考える上で，まずこの点はおさえておく必要がある．

二つ目の理由であるが，それは策定プロセスに多様なアクターが参加したと言う点にある．国連の一般の会議に参加するのは，それぞれの加盟国の代表や

国際機関の職員たちであるのは通常であるが，SDGs の策定にあたってはこうした人々だけではなく，NGO などの市民社会組織（CSO）や民間セクター（企業）も参加した．多様な国家が参加したと言うだけでは，政府の高官たちだけで決めたに過ぎず，所詮は社会の一部の階層の意志が反映したものに過ぎないという見方もできる．しかし，SDGs の策定プロセスの場合は，より多様な層の人間が参加しており，それが SDGs の正当性を高めている．つまり，「理想論ばかりで現実を知らないお偉いさんたちが勝手に決めた」というタイプの批判が通りにくいということである．実は，SDGs の前身である MDGs（ミレニアム開発目標）はその種の批判を受けることが多かった．MDGs は先進国と一部の国連職員が中心となってまとめたものだった．そういう事情も，共感を限定的なものにした．SDGs を仮に拒絶したいとして，さらにそうする自分の正当性を社会に訴えたいのであれば，SDGs の策定に関わったアクターたちと対決しなければならないことになるわけだが，SDGs に関わった人間たちが MDGs よりもはるかに多様な分だけ，それは大変な作業になる．

　それは理論武装が必要といったタイプの大変さというよりも別のタイプのものである．人間が作り出すものに完璧なものはないと言う一般論は，SDGs にも例外なく当てはまり，確かに様々な視点での批判は可能だ．理論的または論理的一貫性を欠いている部分を指摘することも実際に可能である．しかし，そうした欠点は，当事者たちの能力不足に起因するものではない．そうでなく，それぞれがそれぞれの利益と理想を持つ人間が集まれば集まるほど，全員が許容できる合意点を模索するのが難しくなる．結果としてできあがったものに論理的一貫性に欠ける部分が出てくるのは不思議なことではない．実際，多くの場合において，そうした欠点を参加者たち自身が認識していただろう．しかし，何らかの別の利益等と衝突して論理的一貫性が維持できないというケースが生じるのは想像にかたくない．SDGs の正当性は，そういうところにはない．

　SDGs の正当性に関しては，最終的に膨大な数のアクターたちの合意を得て成立したという事実のほうが重要である．どのコミュニティに所属しているか，社会のどの階層に所属しているかによって，何を利益とするか，または何を理想とするかといったことに対する考えの相違が出てくるし，そして多様な人間が集まれば集まるほどその相違は大きくなっていく．そうした状況の中で，お

そらく完全に満足ということではないにせよ，誰もが同意または妥協できたものは，それだけ多くの人間に受け入れ可能なものになる．多様な人間が多数集まってなされた合意プロセスそれ自体が，SDGs の大きな正当性を生んでいる．言ってしまえば，今の国際社会において，最も多くの人間に共感または賛同されやすいということが SDGs の強みであるということだ．

MDGs と比較しての SDGs の特徴

実際，数多くの人間に共感または賛同されやすいように SDGs の目標は設計されている．この点については，SDGs を，SDGs の前身である MDGs と比較してみると，SDGs の設計の特徴がわかりやすくなる．MDGs（ミレニアム開発目標）は世間的認知度を獲得することに必ずしも成功しなかったが，SDGs の前に存在した国際目標である．MDGs は2000年に国連で採択され，2015年までに国際社会が達成すべき8つの目標を掲げた．そして，2015年に採択された SDGs では，MDGs では掲げられなかった目標が大幅に増え，17の目標となったのだった．ここで，具体的に MDGs の8つの目標を見ておくと，以下のとおりである．

目標1　極度の貧困と飢餓の撲滅
目標2　普遍的初等教育の達成
目標3　ジェンダーの平等の推進と女性の地位向上
目標4　乳幼児死亡率の削減
目標5　妊産婦の健康の改善
目標6　HIV ／エイズ，マラリア及びその他の疾病の蔓延防止
目標7　環境の持続可能性の確保
目標8　開発のためのグローバル・パートナーシップの推進

それに対して，SDGs の17つの目標は以下のとおりである．

目標1　貧困をなくす
目標2　飢餓をゼロに

目標3　人々に保健と福祉を

目標4　質の高い教育をみんなに

目標5　ジェンダー平等を実現しよう

目標6　安全な水とトイレを世界中に

目標7　エネルギーをみんなに，そしてクリーンに

目標8　働きがいも経済成長も

目標9　産業と技術革新の基盤をつくろう

目標10　人や国の不平等をなくそう

目標11　住み続けられるまちづくりを

目標12　つくる責任つかう責任

目標13　気候変動に具体的な対策を

目標14　海の豊かさを守ろう

目標15　陸の豊かさも守ろう

目標16　平和と公正をすべての人に

目標17　パートナーシップで目標を達成しよう

MDGs と SDGs を比較するに際して，貧困と飢餓というテーマに着目してみたい．MDGs の目標1は貧困と飢餓の撲滅である．SDGs の場合は，MDGs の場合よりも取り扱うテーマが飛躍的に増えているものの，目標1は貧困の撲滅，目標2は飢餓の撲滅であって，MDGs と同じく，貧困と飢餓というテーマを取り扱っている．その点で，MDGs と SDGs の間には連続性があることがわかる．しかし，MDGs の場合は，貧困と飢餓がワンセットのテーマとして取り扱われているのに対し，SDGs の場合は別々のテーマとして取り扱われている．実はこれは大きな違いであって，この違いは SDGs の設計の特徴を端的に表現している．

　飢餓が伴う貧困は，しばしば絶対的貧困と呼ばれる．MDGs の目標1は，この絶対的貧困の撲滅を目標としている．SDGs においても，これはテーマは存続している．SDGs の目標1の最初のターゲットは「現在1日1.25ドルで生活する人々と定義されている極度の貧困をあらゆる場所で終わらせる」というもので，これは絶対的貧困を問題にしている．「1日1.25ドル」というのが絶

対的貧困のラインである．このレベルを下回ると，生存するのに十分な量の食物を手に入れることが難しくなると考えられている．絶対的貧困はそのまま飢餓の問題とつながっている．尚，この数字は2015年当時のものであって，その後も世界全体での物価が上昇していることに伴い，この数字は上昇し，今は1.9ドルと設定されている．

　飢餓を伴う貧困である絶対的貧困という問題は，世界からの共感という観点から考えると，この問題が深刻であるのは一部の地域であるというところに難しさがある．絶対的貧困は先進国が自国内で抱えている問題ではない．極度に貧しい国々の問題である．世界にどれだけ絶対的貧困に苦しむ人間がいるかに関するデータについては世界銀行（World Bank）が2年に1度発行しているレポート（"Poverty and Shared Prosperity"）で確認することができる．2020年度版によると，サハラ以南のアフリカ地域に世界の半分以上の絶対的貧困問題が集中しており，ナイジェリア，コンゴ民主共和国，エチオピア，タンザニアといった国が挙げられる．アフリカに次いで多いのが南アジア地域で，インドとバングラデシュがとびぬけて深刻である．一国単位で見ると，絶対的貧困に苦しむ人間の数が最大なのはインドであるが，それはインドが抱える桁違いに多い人口というファクターが大きい．一国内の貧困率で見た場合には20％台である．それに対して，70％以上になっている深刻な貧困国はサハラ以南のアフリカ地域にある国々である．絶対的貧困の問題はこうした地域に集中してしまっており，非常に局所性のある問題である．言い換えると，サハラ以南のアフリカ地域以外の国にとっては当事者ではないので，他人事というスタンスを取ることも可能になってしまうということである．実際のところ，世界の国々は他人事という態度を取ってきたからこそ，この問題は解決されぬまま今日まで続いてきてしまっている．

　絶対的貧困ではないものの，貧困問題は日本を含む先進国にも存在している．先進国の貧困問題は相対的貧困という概念で説明される．OECD の基準に従うと，大まかに言うと，世帯所得（正確には「等価可処分所得」）が全世帯の中央値の半分未満の世帯員を，相対的貧困者とみなす．相対的貧困者が多いほど，経済的格差が大きい社会ということになる．このタイプの貧困は先進国でも存在し，そして深刻である．尚，日本に関して言えば，高度成長期より「一億総

中流」という国民意識が生じ，経済格差が小さい社会を構築しているという自己意識があった．たしかに国内の経済格差が相対的に小さい時代が2000年代前半まではあった．しかし，実態としては，日本は他の先進国と比べて，この問題に対する優等生ではもはやなくなっている．日本の経済は2000年代以降，停滞し続けているが，通常，そのような状態であると，富裕層のほうが下がってきて，富裕層と貧困層の間の経済格差が縮まる．したがって通常であれば相対的貧困者が減るのが自然なのであるが，日本の場合はそうはならず，相対的貧困者の数はむしろ増えてしまっているというのが現状である．読者の多くにも肌感覚があるだろうこの現状を踏まえれば，日本においては相対的貧困の問題が一層深刻なものとして理解できるだろう．

　さて，このふたつのタイプの貧困に着目した上でSDGsを見てみると，その特徴が浮かび上がってくる．SDGsも，その前身であるMDGsも貧困と飢餓の問題を取り扱っている．MDGsの場合は，貧困と飢餓の問題はワンセットにされ，その解決を目標とされた（目標1）．すなわち，MDGsの主眼は絶対的貧困であって，相対的貧困は問題にしていない．この場合，貧困の問題は貧困国に限定されているので，先進国側の当事者意識がどうしても低くなってしまう．それに対して，SDGsは貧困の問題（目標1）と飢餓の問題（目標2）を分けている．そのことによって何が変わったかというと，飢餓と結びついた貧困だけではない先進国型の貧困問題，格差問題も取り扱えるようになったということだ．MDGsは必要最小限の食糧確保すらままならない絶対貧困のみを対象にしているのに対し，SDGsはそれだけでなく，先進国型の貧困も含むあらゆる形態の貧困の撲滅を目標としている．MDGsと比較してSDGsの優れているところは，貧困をあらゆる国にとって他人事ではなく自分事として捉えさせる工夫がある点である．MDGsにおいては，貧困解決は遠い国の問題で，ゆとりのある人間が取り組めばよいといった良心の問題と認識されがちであったが，SDGsは，自分の身近な問題として，自分事として認識させるように設計されている．

　今，貧困問題という具体例を見てきたが，SDGsには実際，どこのコミュニティの人間からしても問題となっているものに対する解決を目指すものとして設計されるようにする意図がある．SDGsは「普遍性」（Universality）をひとつ

のコンセプトにしている．SDGs はそもそも2015年に国連総会で採択された
「われわれの世界を変革する：持続可能な開発のための2030アジェンダ」
(Transforming Our World: 2030 Agenda for Sustainable Development) の中で提唱され
たものであるが，その中でこのアジェンダについて次のような記述がある．「こ
のアジェンダは，各国の現実・能力・発展段階の違いを考慮に入れ，かつ各国
の政策・優先順位を尊重しつつ，すべての国に受け入れられ，すべての国に適
用されるものである」．SDGs はつまり，すべての国に受け入れられ，すべて
の国に適用されるものとして設計されているということである．MDGs は途
上国に限定される問題が中心であった．つまり，先進国が途上国を援助するこ
とで達成されるような性質の目標であったということである．それに対して
SDGs は，先進国にも共通している課題の解決を目標として設定しているので
ある．

ビジネスサイドから見える SDGs

SDGs の普及に関しては，ビジネスサイドからのアプローチも大きいことを
指摘しておく必要があるだろう．先ほど見たように，SDGs の策定プロセスに
企業も参加した．主に欧米の企業であったが，こうした企業も参加していると
いうことは，SDGs は決してビジネスと無関係な美辞麗句ではないということ
もまた意味している．端的に言えば，SDGs は儲かるのである．SDGs の社会
的認知が格段に高くなったのは，この点が大きい．ただし，2010年代以降，こ
の「儲かる」の意味が広く考えられるようになった．これまで短期的な収益に
のみ企業は関心を寄せていた．企業に投資する投資家たちが短期的収益を求め，
企業はそれに応える必要があったからだ．しかし，リーマンショック以降の欧
米企業を中心に，企業のサステナビリティを脅かす中長期的なリスクに対して
敏感になった．どういうタイプのリスクかと言うと，直ちに問題となるリスク
ではないけれども，ほったらかしにしておくと確実に状況が悪化していくこと
が見込め，大きな損失をもたらす問題が表面化した時にはもはや手の施しよう
がない状態になってしまうというタイプのリスクである．こうしたリスクに対
応しようとすると，当然コストは生じる．短期的に見れば，収益的にはマイナ

スになってしまうことが多くなる．しかしながら，中長期的に見ると，生じる
ことが予見されている大きな損失を未然に防いだことになるので，その対応に
費やしたコストを差し引いてもプラスになったと捉えることができる．以上の
理屈により，こうしたリスクに対応することも中長期的な視点からは「儲かる」
ことと企業側と投資家側の双方が理解するようになった．具体例をひとつ挙げ
ておくと，2011年3月以降，東京電力の株価は大暴落した．原因は津波による
福島原発事故である．東京電力は法令順守以上の，自然災害対策をしてこなかっ
た．法さえ守っていれば良いという発想しかなく，現実に起こり得る災害リス
クに対する視野が欠けていたということである．これが事故の原因である．東
京電力の株式を持っていた投資家は，「適切なリスク対応をしていない東京電
力に対する評価が自分にしっかりできていていれば，東京電力の株を早々に手
放していたはずなのに！」と悔やんだに違いない（まだビジネス上の数字には反映
されていないけれども，長期的な視点からはビジネス上の数字に反映されることが見込まれ
る情報を投資家たちは「非財務情報」と呼び，今日の投資家たちはこの「非財務情報」を投
資の判断材料に加えている）．

　SDGs の策定プロセスに関して，企業はそれに参加することで，こうした中
長期的リスクへの対応を，SDGs の目標に織り込んだということになる．
SDGs は企業存立を危うくする中長期的リスクへの対応に一致しているので，
SDGs に取り組めば，企業も「儲かる」ということになるわけである．この「儲
かる」という要素がまた，SDGs の社会的浸透に大きな役割を果たしたことは
疑いようがない．

　本題ではないが，SDGs に対する企業の取り組みについて少し述べておくと，
SDGs のすべての目標がどの企業においても重要かと言うとそういうことでは
なく，そこはその企業の事業の性質によって変わってくる．事業の性質によっ
て，SDGs の目標が焦点を当てているリスクによって生じる損失には違いがあ
る．経営を合理的に考える企業であれば，SDGs の中でも，本業にかかわりの
深いリスクに対応する目標を設定し，そのための取り組みをしているはずであ
る．そしてそうしたタイプの取り組みに着目し，企業のサステナビリティを評
価する投資家の動きが昨今，ESG（Environmental, Social, and Governance）投資と
いう形で活発になってきており，そうした企業に対して投資する形で後押しし

ている．SDGs バッジをスーツに着ける企業人を最近見かけることが多いが，それによって企業の世間的なブランドイメージを高める効果があるのかもしれないが，それは企業側にとっての SDGs の意義ではない．サステナビリティの要素を自社のストラテジーにいかに落とし込めるか，そしてそれに基づいた経営計画および事業を立案し実施できるかがそれぞれの企業には問われているのである．

第1章　持続可能な開発とは何か

は じ め に

　「持続可能な開発」とは，Sustainable Development の日本語訳として定着している（または日本政府が公的な訳語として定着させようとしている）言葉である．イントロダクションでも説明したように，development という英単語に対して「開発」という訳語が与えられているわけだが，通常的な日本語の意味では「成長」という意味で理解すべきである．一般的な呼称にしたがって本書でもまた「持続可能な開発」という呼称を用いるが，このときの「開発」は「成長」の意味であると，頭の中で置き換えて読むように読者にはお願いしたい．

　さて，持続可能な開発目標，すなわち SDGs（Sustainable Development Goals）は2015年に国連総会で採択された「われわれの世界を変革する：持続可能な開発のための2030アジェンダ」（Transforming Our World: 2030 Agenda for Sustainable Development）の中で提唱され，登場する運びとなった．こうして「持続可能な開発」という言葉が一般に認知されるようになっていったわけだが，「持続可能な開発」という言葉の登場はそれよりはるか昔である．本章は，SDGs の「SD」の部分について見ていき，SDGs の前史について理解を深めたい．

経済成長支援の文脈

　「持続可能な開発」の英単語は，Sustainable と Development のふたつからできているわけだが，このふたつの単語を比較すると，国際社会の議論においては，Development のほうが，登場が早かった．「開発」（成長）に関しては，1961年に当時のアメリカ大統領ケネディが提案し採択された「国連開発の10年」（Decade of Development）が有名である．それは，1961年から1970年までの10年

間において，発展途上地域の経済成長率を年率5％に向上させることを目標とするものだった．尚，その後，国連では「○○の10年」シリーズが続いている．2021年からは「生態系の回復に関する国連の10年」であり，生物多様性に関する取り組みが国際的に活発化している．

　国際社会において，古くから認識されてきた問題のひとつは，発展途上国の貧困である．その貧困は，その国の国民間の経済格差の問題も含んでいる．国際社会の経済格差問題は，植民地主義時代の経済的主従関係からの負の遺産であると認識されている．したがって，先進国が途上国を支援するという形で，「開発の10年」より国際社会が発展途上国の経済成長を促進していくことを試みることになったのだった．

　発展途上国の経済成長のためのアプローチとして，その国の経済・市場の自由化がよく進められた．自由市場とは，国家権力の介入から自由な市場であり，個人の自由な経済活動による取引がなされる市場のことを指す．ここで，国家権力の介入というのは具体的には，特定の商品に税金をかけたり，他国の商品に関税をかけたりといったことを指す．自由市場の対義語として理解できる市場は管理市場であって，管理市場においては国家が何らかの意図をもって市場に介入し管理している．

　自由市場の統一的な貿易システムのグローバル化は，第二次世界大戦後，関税および貿易に関する協定（GATT）の下で進められた．第二次世界大戦前の世界においては，経済圏がブロック毎に分割されていて，同じブロックの中での国々同士での貿易においては関税をかけず，ブロック圏外の国に対しては高い関税をかけて実質的に貿易ができない状態にしたのだった．尚，日本の場合は，第二次世界大戦直前に，どのブロックからも締め出され，その結果，戦争を決意したのだった．こうしたブロック経済は戦争を誘発しやすいという国際社会の反省から，国家間で関税の掛け合いを防ぎ，グローバルな自由市場の実現を理想とするGATTが登場するに至ったのだった．

　1960年代以降の発展途上国の経済成長支援もまた，この自由市場のグローバル化の流れの中で進められた．今の世界経済の現状を見た人間からすると，こうした自由市場のグローバリゼーションは，先進国の都合でなされたもので，発展途上国から先進国が利益をますます吸い上げて搾取するためになされたも

のに過ぎないものだったという見方をするかもしれない．こうした批判は誤り
ではないが，他方で，先進国側の悪意ばかりを強調する見方も，それはそれで
一面的なもののように思われる．ヨーロッパのここ200年の歴史を振り返った
時，たしかに市場の自由化の進展とともにヨーロッパの国々は経済的に豊かに
なり，また国内格差も長いスパンで見ると改善していったという実績があった．
発展途上国もヨーロッパ諸国がかつて歩んだ道を歩めばヨーロッパ諸国のレベ
ルに追いつけるという発想に立てば，発展途上国の経済成長支援として市場の
自由化という方策を選んだのも，決してでたらめなことではないからだ．

　地球全体での自由市場の構築が促進された結果として，たしかに地球上全体
として見ると，世界経済は成長した．しかしながら，世界の貧困問題は解決し
なかった．したがって国際社会全体で生み出されている利益は，貧困国にまで
は行き渡らないということを国際社会は認識するに至った．また，そうした国
の中のひとびとの間の経済格差の問題も解消されないことも認識された．こう
した認識は，90年代以降，国際社会で一般的に共有されるようになっていった．

　なぜ貧しい国は貧しい国のままなのだろうか．本書は世界経済についての研
究を意図してないので，この問いに対して多角的に説明する用意はなく，ひと
つの有名な見方を提示することで満足しておきたい．この問いに対する見解は
いくつかあるが，代表的なもののひとつはウォーラーステインの「世界システ
ム論」である．ウォーラーステインの考え方は，先進国と発展途上国の関係に
対する通念を否定するものになる．どういう通念かと言うと，発展途上国
(developing countries) は名前の通り，発展・成長している (developing) 段階で，
発展・成長が進んでいくと，いずれは先進国 (developed countries) になるとい
うものである．ヨーロッパの国々は200年の歳月をかけて経済成長して現状の
経済状況を築き上げたが，ほかの国々はヨーロッパから見れば彼らの経済成長
前の昔の姿としてとらえることができるから，他の国々も時間をかければ次第
に経済成長をしていき，いずれはヨーロッパの経済レベルに到達するという考
え方がここでも前提とされている．しかしながら，ウォーラーステインはこの
ような社会進化の発想を否定し，一国の経済に着目するのではなく，ひとつの
グローバルな市場に参加している国々の関係がそれぞれの国の経済状況を規定
する大きなファクターになっていると主張する．彼に従えば，発展途上国は名

前に反して決して発展途上ではなく，むしろ発展しておらず，今後も同じ状態のままであり続ける．それはどうしてかと言うと，ひとつのグローバル市場において，先進国は先進国の役割を担い続け，発展途上国は発展途上国の役割を担い続け，その役割に変化が起こらないからだ．具体的には，発展途上国が安い価格で素材・原材料を売り，先進国の工業製品を高い価格で買うという役割を担う貿易システムが成立しているということだ．先進国は安く原材料を買い，その材料を用いて高い工業製品を売ることができ，それによって利益を上げることができる．それに対して，発展途上国は原材料を安く売って，高い工業製品を買わされるので，貧しい状況が続くのである．問題はこの役割は固定化されがちであるということで，このシステムの中では，発展途上国は素材・原材料を売る側を演じ続け，一定の時間が経った後に先進国と同じように，工業製品を売る側にはなることは極めて難しいということだ．したがって，自由市場のグローバリゼーションによって生じることは，発展途上国の経済成長が促されるというよりも，市場での発展途上国の役割が固定化され，先進国と発展途上国の経済格差がますます大きくなっていくと考えるほうが妥当であるということだ（ウォーラーステイン，イマニュエル，『近代世界システム──農業資本主義と「ヨーロッパ経済」の成立──』(1974)，川北稔訳，岩波書店，1981）．そうであるとすると，自由市場のグローバリゼーションを促進することは，発展途上国の経済成長支援というよりも，現状の固定化につながっていきやすいということになる．

環境問題への注目

自由市場のグローバリゼーションの促進による発展途上国支援は望まれた成果を生まなかったものの，それはあくまで方策の問題であって，経済成長を重視する方向性を否定するものではない．そこからは，自由市場の貫徹とは別の方策で，発展途上国の経済成長支援はなされていくべきだというだけで，実際のところ，今日でも，発展途上国支援の目標は経済成長である．しかしながら，別の文脈で，経済成長そのものが持つ問題というものが見えてきたのもまた，20世紀後半のことである．経済成長とは，経済活動の規模が，すなわち生産と消費の規模がどんどん大きくなっていくことである．人類はこれまで，生産す

るものの量を増やし、そしてそれに伴い消費するものの量も増やしていくということを続けてきたのであった。生産物が増えれば、それだけ、その原材料や、または生産するための機械を動かすエネルギーを生み出すための資源を必要とする。つまりは自然資源を必要とする。そして消費物が増えれば、生産の段階、または消費の段階において生じる廃棄物、ゴミもまた増えていくことになる。しかし、20世紀後半の人類が気づいた事実は、人類に無限に自然資源を提供し、無限にゴミを引き受けられるほどには、地球は大きくなかったということである。

　かくして、「環境」という視点が人類社会において前景化してきたのだった。20世紀前半までの人類は無限の経済成長を信じており、それを否定するひとはほとんどいなかった。左翼・右翼といった政治的傾向性にも関係はなく、たとえば、社会主義思想家として世界に強い影響力をもったカール・マルクスにしても、技術の進歩による社会全体の生産量の無限の増大を前提にしており、その生産を支える資源の有限性については考慮することがなかった。マルクスは19世紀後半の人間であって、これが20世紀後半以降の人類とそれ以前の人類の感覚の違いである。20世紀後半以降の人類は無限の経済成長を無条件に信頼することができなくなったのだった。自然資源の中でも豊富にあるものと、希少なものがあるが、いずれにしても限りがあることがわかってきている。たとえば金属資源について言えば、ここ50年の間にわれわれの生活の中で使っている金属の多くが枯渇することが予想されている。鉄やアルミニウム等は豊富な鉱物なので緊急性はないにしても、たとえば銅は大変深刻な状況にあり、50年後には掘り尽くしてしまう見込みの金属資源として知られる。銅は便利な性質をたくさん持っているので（熱伝導性、誘電性、耐食性が高い等々）、われわれの様々な日用品や電気器具、または電線等に活用されている。それだけに、銅がなくなれば、われわれの生活に相当な影響が出てくることだろう。これは確実に到来する未来の話であり、またそれほど遠い未来でもない。

　廃棄物の問題も深刻である。大量生産・大量消費の生活スタイルに加え、人口の増大によって、人類の生活から排出されるゴミが、あるいは製品の生産過程で発生するゴミが、もはや地球環境に影響を与えるほどにその規模を大きくしてしまった。様々なタイプの環境汚染に加え、二酸化炭素等の温室効果ガス

による気候変動問題等を引き起こし，こうした環境問題は人類の生活にも悪影響が跳ね返ってくるレベルにまで深刻になってしまった．

　環境を配慮せずには，われわれの社会も経済も持続できないことが1960年代から徐々に，一般に認識されるようになっていった．環境問題の世間的な認識に大きく貢献したのは，1972年に発表された民間団体ローマ・クラブのレポート『成長の限界』である．このレポートは，国際社会において大きな反響を呼んだ．人口の増加と工業生産の発展により，今後100年のうちに食糧生産，汚染，資源使用は限界に達してしまうという見解をこのレポートは提示した．限界に達するとどういうことになるかと言うと，生活できなくなり死んでいく人々の数が増大し，食糧生産，汚染，資源使用が人類社会の存続にとって許容範囲に収まるまで世界の人口は減り続け，許容範囲に収まった段階でその減少は止まり，均衡点に達するということである．

　具体的に考えると，大変残酷な未来予想である．人類が地球で生活し続けるために，これから生まれてくる将来の世代においては，相当数の人間が望まぬ形で死ぬことを余儀なくされるのは必然だということをこのレポートは言っているのである．原因は，急激な人口増大と，大量生産・大量消費の強度を上げていく経済成長のふたつであるので，予想されるこの将来の危機を事前に防ぐためには，このふたつの原因に対して対策を取る必要がある．このふたつの原因はバラバラの問題ではなく，密接に結びついているが，まず一つ目のほうの人口増大に対する対策としては，その抑制のための政策というものが考えられるが，これは生殖の権利ともかかわり，複雑な問題をはらんでいる（実際のところ，このレポート以降，アフリカや中国を中心に人口抑制政策が始まり，それに反発する形で，産む自由・産まない自由を問題とする生殖に関する権利，リプロダクティブライツが90年代以降に議論されるようになったという経緯がある）．経済成長に関しては，その対策と言えば，その抑制ということになる．しかし，それは現在の資本主義システムの中にあっては，貧困に行き着く．先ほども見たように，発展途上国支援とは経済成長支援であって，環境問題への対応はこうした方向性とは別のベクトル，かなり高い可能性で対立するベクトルを持っていることがわかる．

　環境問題の社会的認知のトピックに戻ると，この1972年のローマ・クラブのレポートの社会的なインパクトは大きかった．環境問題に対する社会的認知が

一気に高まる中，同年の1972年には環境問題をテーマにした初の国際会議，国連人間環境会議が開催されるに至った．ただし，当時認知された環境問題と言うと，工業化に伴う公害問題が中心だった．それから砂漠化や森林破壊が認知されるようになり，そして1980年代後半からは気候変動やオゾン層破壊の問題が広く認知され議論されるようになっていったのだった．

持続可能な開発の概念の登場

以上，見てきたように，発展途上国の経済成長支援という流れと，環境問題の流れとほぼ同時代的に登場した．そしてほとんどぶつかり合っているふたつの流れが何とか両者が受け入れられる落としどころを探そうとしたときに，論理的な帰結として登場したのが「持続可能な開発（成長）」(Sustainable Development)の概念であると考えてよい．そしてこれが SDGs の SD の部分である．この概念が具体的な姿を取って表れたのは1987年のことである．この年に国連の「環境と開発に関する世界委員会」(WCED) により提出された報告書「私たちの共通の未来」(Our Common Future) において，環境保全と経済成長の両立を目指して，初めて「持続可能な開発」(Sustainable Development) という概念が提唱され定義されたのだった．

その定義によると「持続可能な開発」とは「未来の世代がそのニーズを充足する能力を損なうことなく，現代の世代のニーズを充足する開発」であるとされた．そして，その「ニーズ」とは何かと言うことが問題になるが，それは「（1）環境や資源の保全，（2）貧困削減とベーシック・ヒューマン・ニーズ（衣食住，教育，保健，雇用等）の充足である」とされた．こうしたニーズを未来の世代も現代の世代も同時に充足できるようにすることが「持続可能な開発」という概念であるとされている．

一つ目のニーズは，環境問題への対応の必要性を直接的に表現している．環境問題と言っても様々なタイプのものがあり，現代の世代と未来の世代という分け方に従えば，それぞれの環境問題によって生じる損失の大きさは，現代の世代か未来の世代かによって異なる．たとえば，公害問題は現代の世代に対して大きな損失をもたらすが，気候変動問題は未来の世代に対してより大きな損

失をもたらす性質の問題である．ただし，「資源の保全」のほうに関しては，未来の世代にとって損失が甚大なリスクである．これは，現代の世代が，未来の世代のことを配慮せずに，自分たちの世代で使い切ってしまおうとするからこそ生じる問題であるからだ．その意味では，一つ目のニーズの主な対象は未来の世代であると言える．

その一方で，二つ目のニーズは，現代の世代のニーズである．現代の世代にとっては，貧困削減やベーシック・ヒューマン・ニーズの充足は重大な問題であるが，未来の世代はまだこの世に生まれてきていないがゆえに，まだ問題にしえないことである．持続可能な開発，すなわち持続可能な形でなされる経済成長とは，現代の世代の人類の間にある貧困問題を解決し，今を生きるあらゆる人間が生きていくのに最低限必要なベーシック・ヒューマン・ニーズが満たされるようにするための経済成長でなければならないというのが，この二つ目のニーズの含意である．

持続可能な開発という概念の一般的なイメージとして，環境問題への対応が思い浮かびやすいように思われるが，この二つ目のニーズの含意に含まれている経済成長の在り方の議論も，これまでの国際社会の取り組みを考えると，極めて革新的である．持続可能な開発の概念において改めて，世界の貧困と格差の解消という社会的目標が先にあり，経済成長という経済的目標はそのための手段であると確認されている．それ以前の国際社会は世界の経済成長を促進するための方策を取ってきて，とりわけ自由市場のグローバリゼーションを促進してきた．しかし，世界の貧困と格差は解消されなかった．持続可能な開発の概念は明確にそうしたこれまでの国際社会の経済政策に対する批判を含んでいる．世界の貧困と格差の解消に貢献しない経済成長はダメだということである．

こうして，世界の貧困と格差の解消という社会的目標が第一に置かれ，経済成長という経済的目標はその目標を達成するための手段であると位置づけられたわけであるが，そこに環境・資源保全という，将来の世代への配慮という議論が新たに加わってくるという形になっている．現在の貧困問題に対応することを第一とするわけであるが，だからと言って，これから生まれてくる未来の世代を犠牲にしてはいけないという主張がここにはある．このようにして，まだこの世界に生まれてきていない未来の世代を交えた世代間のバランスを考え

るという論点が，持続可能な開発の概念を特徴づける重要な要素である．自由主義と，基本財（basic goods）の分配の平等性の両立を目指すロールズもまた，こうした分配の対象に，まだこの世界に産まれていない将来世代も加えることを主張している（Rawls, John, *A Theory of Justice*（1971），Cambridge, MA: Harvard University Press, revised ed. 1999.）．

未来の世代を配慮することの理論的な難しさ

ただ，この現代世代と未来世代のバランスをまじめに検討しようとすると，なかなか難しい論点を含んでいることがわかる．今，地球上で生きている人間たち全員に加えて，これから生まれてくるひとたちの数を足し合わせて，均等にそれぞれの自然資源を分けるように計算すれば，今生きている人間たちが使っても良い自然資源の量がわかるのではないか，という発想があり得るだろう．しかし，これから生まれてくる人類の数はいったいどれくらいなのだろうか．人類という種はそもそも，あと何年生き延びることができるのか．ただ，どれだけ人類種が様々な苦難を乗り越えてしぶとく生き延びたとしても，太陽が寿命を迎え，膨張した太陽に地球が飲み込まれる50億年後には絶滅することは確定的な未来なので（太陽と同じようなサイズの恒星の場合，燃料が尽きてくると，膨張し赤色巨星となることは天体観測の成果からわかっており，太陽もこのような一生を辿る），これから生まれてくる人間たちの数が無限であるということはない．とはいえ，どのような人口動態のシミュレーションを採用するにせよ，今生きている人間たちの総数よりこれから生まれてくる人間たちの総数のほうが圧倒的に多いと見て良いだろう．となると，今のわれわれの社会が消費しても許容されそうな自然資源の量は，かなり少ないのかもしれない．または，こうした計算の仕方がそもそも妥当ではない可能性がある．では，どのように未来世代を考慮する考え方が妥当なのだろうか．なかなかの難題である．そして，明らかに，われわれの依拠する価値観が何なのかによって，世代間分配の割合は大きく変わりそうである．

また，時代・状況によって資源の価値も変わるということも考慮すべきことであるに違いない．地球温暖化の原因でもある化石燃料について言うと，19世

紀の産業革命以前には人類にとっては何の価値もない資源であった．このようなことを思い起こせば，時代・状況で資源の価値が今後も変わり得ることが容易に想像できる．たとえば，著者が子供の時に人気のあったアニメ『北斗の拳』や映画『風の谷のナウシカ』では，共通する設定として，将来の人類社会において核戦争が全面的に勃発し，その結果，ほとんどの人類が死に絶え，文明も失われて，産業革命以前の技術水準の世界になった状況が描かれている．このような状況が未来に本当に起きるというシナリオを想定してみよう．荒廃した世界に生き残った数少ない人類たちは，かつての工業化社会を何とかして取り戻そうとするだろう．その場合，機械の力を借りなくても手に入れることが比較的容易な燃料がまずは必要になる．このとき，化石燃料の中でも，シェールガスのように明らかに機械に頼らないと採掘できない燃料は，生き残った人類たちにとって価値がない．過去の世代が，未来の世代のことを配慮して残しておいてくれていたとしても，未来の世代には価値がないのである．反対に，地表付近に存在し，比較的採掘しやすい石炭の価値は飛躍的に高まっていることだろう．これがまずはないと，機械の力を借りないと採掘できない他の燃料資源は存在しても活用できない．将来の人類に襲い掛かる様々なシナリオを考慮し，そのシナリオ毎にそれぞれの資源の価値を吟味することもまた大切なことであるに違いない．

　そして，未来の世代の声は，未来の世代はまだ生まれていないがゆえに，われわれ，現代世代の耳には届かないということも常に考慮すべきことだろう．未来の世代の人間の本当の気持ちはわれわれには知りえない．未来の世代のニーズとはすなわち，「われわれ現代世代が想像する」未来の世代のニーズにどうしてもなってしまう．そのことを意識し，われわれの側の思い込みを口のきけない相手に投影しているだけではないかという視点を持っておく必要が常にある．そうでないと，未来の世代の人間ひとりひとりの人格が剥ぎ取られていってしまい，「ひとりひとりの人間を尊重する」という，われわれの基本的価値観の否定につながるからだ．以上のように考えてくると，現代世代と未来世代のニーズをバランスよく満たすことを真面目に検討し始めると，難しい課題がたくさんあることが確認できる．尚，この世界は，今この世界にいる存在者だけのものではない，そして未来から到来するもののほうを重要視すべき，

と考えたのが哲学者ハイデガーの『存在と時間』（1927）であったが，この著書がついに未完に終わったことを思えば，こうした問い立てがいかに難しいかがわかるというものである．

持続可能な開発の考え方の影響下にある SDGs

さて，改めて2015年に成立した SDGs（持続可能な開発目標）に目を移したい．1987年に成立した持続可能な開発の概念から SDGs を見てみると，たしかに問題関心において密接な連続性を確認できる．貧困削減とベーシック・ヒューマン・ニーズの充足に対応する目標を SDGs はたしかに提示している．貧困については目標１，食については目標２，保健については目標３，教育については目標４，雇用については目標８，居住については目標11で対応している．

環境・資源保全に関する目標もまた，同様に SDGs に見つけることができる．目標６は水，目標７はエネルギー，目標12は持続可能な生産・消費，目標13は気候変動，目標14は海洋，目標15は生態系・森林を取り扱っており，これらは明示的に環境問題に対処するための目標となっている．さらに，一見環境と関係なさそうな目標でも，その目標の中に環境とかかわりにあるターゲットもまた，見つけることができる．たとえば，雇用に関する目標８の中のターゲット8.4は「世界の消費と生産における資源効率を漸進的に改善させ，先進国主導の下，（…）経済成長と環境悪化の分断を図る」としており，環境・資源保全と関係している．

以上のように，考え方としては，1987年に成立した持続可能な開発の概念と，2015年に成立した SDGs の間には明らかな連続性がある．貧困削減やベーシック・ヒューマン・ニーズの充足という社会目標のために，その手段としての経済成長という経済目標があり，しかしながら，未来の世代とのバランスを配慮する必要があることから環境目標もまた同時に達成が求められるという考え方で，SDGs もまた設計されているのだ．

第2章 環境を配慮しつつも経済成長を堅持するという方向性

は じ め に

　本章はSDGsの17の目標の中でも目標12「つくる責任　つかう責任」に注目する．この目標はとりわけ，第1章で取り上げた持続可能な開発の問題意識と密接に結びついているからである．それはつまり，経済成長と環境問題対応のバランスをどのように考えていけばよいかということであるが，この目標12「つくる責任　つかう責任」はこの問題に対する，現段階，少なくとも2015年当時の国際社会の考え方を提示しているものとして理解することができる．人類はここ200年ほど，経済成長を肯定し，促進し続けてきた．産業革命を経験した国々から，人類は爆発的な経済成長を経験し，世界のいたるところで ひとびとの生活は豊かになっていった．そして様々な政治的立場があれども，20世紀前半までは経済成長そのものを批判する人間はほぼいなかった．しかしながら，20世紀後半から，経済成長それ自体がもっている問題，すなわち環境問題が表面化してくる．目標12は，現状の人類社会が選択したこの問題への考え方を示しているのである．

大量生産・大量消費の社会の成立

　人類の歴史において様々な技術の発明がありイノベーションがあったが，われわれの生活を根本的に変えるに至った，非常に重要な技術革新は蒸気機関である．蒸気機関の登場とともに，産業革命と呼ばれる現象が生じ，そこから人類のライフスタイルが一変したのだった．蒸気機関の登場の意味とは，熱エネルギーを動力に変換する方法を人類は得たということである．この意味はふたつあって，ひとつには，この動力を活用することの応用の広がりというもので，

動力を用いて人間の代わりに仕事をしてくれる機械や乗り物が続いて発明されるようになった．もうひとつの意味は，人類がエネルギーを別のエネルギーに変換するという発想が生まれたということで，エネルギーの変換は様々に追求され，この文脈でまず重要なのは，熱エネルギーから電気エネルギーに変換する方法・装置が開発されたということである．電気エネルギーは他のエネルギーに変換しやすいので（力学的エネルギーに加えて，熱エネルギー，光エネルギー，音エネルギー等），電気エネルギーを用いる様々なタイプの器具・機械が開発され，そうしたものが人類のライフスタイルを短期間に激変させていったのである．

　自動車や飛行機や鉄道と言った交通機関も，このエネルギーを動力に変換する技術の応用の延長線上の発明であり，こうした交通機関はわれわれの移動能力と速度と距離を大幅に向上させた．短時間に長距離を移動する能力を手に入れたことがわれわれの生活様式に与えた変化は途方もないことは言うまでもない．これは人間だけではなく，モノも該当し，モノを遠方に早く届け消費されることを可能にする物流もまた生じることとなった．

　また，エネルギーを活用する技術は，交通機関だけではなく，人間の代わりに作業をしてくれる機械の登場にも寄与した．その結果，われわれはかつてでは考えられないほどの量の生産物を短時間で生み出すことができるようになった．大量生産の能力を人類は獲得したわけであるが，モノがたくさん生産されれば，それだけ消費もなされなければならない．生産能力はあっても需要がなければ，結局，生産のレベルを上げることはできないので，大量生産の裏には必ず，大量消費のライフスタイルの一般化が必要であるし，もっと言えば，大量消費を好む人間たちの手に届くための物流のシステムも同時に成立していることが必要である．以上のような条件が整って，大量生産・大量消費の社会が到来したのだった．尚，産業革命はイギリスで18世紀に起きて，19世紀に世界各地で生じたものではあるものの，以上のようなライフスタイルの変化が本格化していったのは20世紀に入ってからというように時差があることは付言しておきたい．たとえば世界に先んじて産業革命に成功したイギリスにおいてすら，20世紀初頭では，まだ馬車が一般的な交通機関として活用されていたことを思い出されたい．20世紀における生活の変化は極めて劇的だった．

資源の有限性と廃棄物の問題

　人類の生産能力の爆発的な増大に伴い，その能力を支える機械を動かすエネルギーの消費もまた膨大になっていった．直接的に動力に変換するか，または電気エネルギーを経由して変換させるかという違いはあるせよ，基本的には熱エネルギーがそうしたエネルギーとして活用されてきたのであるが，その熱エネルギーを確保する上で，様々な化石燃料（石油，石炭，その他）もまた爆発的に消費されるようになった．世界の人口がまだ少なかった19世紀には表面化しなかったものの，20世紀に入って世界の人口が爆発的に増大するに伴い表面化してきたことは，こうした自然資源には限りがあり，またこうした資源の使用から発生する廃棄物を無限に引き受けられるほど，地球は人類に対して大きくはなかったということである．

　前章から重要なテーマとなっている経済成長であるが，これは経済活動の規模がどんどん大きくなっていることを指し，それはつまり生産と消費の規模がどんどん大きくなっていくことと同義である．生産・消費という観点からすると，人類の歴史においてはほとんどの時間が微増という形であったが，19世紀に急速に増え始めて，20世紀以降はさらに増加の勢いが上がり続けてきた．この19世紀以降の生産量の急激な増大に大きな役割を果たしてきたのが，先ほどから見ているようにエネルギーの活用である．エネルギーを活用して生産量を増大させれば増大させるほど，そのエネルギーを生み出す元となる自然資源が必要となる．したがって，経済成長が進めば進むほど自然資源の消費量が増加してしまう．自然資源には埋蔵量の違いがあり，たくさんあるものもあれば，希少なものもある．石炭の埋蔵量は比較的多いが，石油の埋蔵量については相対的に少なく，あと50年でなくなると言われている．自然資源の有限性の問題が経済成長とともに表面化してくるのである．さらに廃棄物の問題がある．石油や石炭の場合は，熱エネルギーを取り出す際に廃棄物として二酸化炭素を排出する．二酸化炭素は安定した化合物であり，人体に対して基本的には毒性がないものであるのだが，大量に放出されると地球の気候に影響を与えるほどの温室効果をもっている．石油や石炭が大量に燃やされることで，二酸化炭素が

大量に放出され，今や地球の気候を変動させ温暖化させるに至っている．これが廃棄物の問題である．廃棄物は多様で，また様々なタイミングで生じる．今のような生産の段階で生じる廃棄物もあれば，消費の段階で生じる廃棄物，いわゆるゴミもある．こうした廃棄物が大量に排出されることで，地球環境に影響を与えるほどの力を持ってしまうのである．経済成長の結果，大量生産・大量消費の強度が上がれば上がるほど，廃棄物・ゴミが増え，環境問題を深刻化させていく．

SDGs が示す国際社会のアプローチ

　問題に対して，解決するためのアプローチは，それが現実に実現できるかは別として，常にたくさん存在している．では，自然資源の有限性と，人類が生存できる地球環境の維持に対する廃棄物の許容量という，途方もなく大きいスケールの問題に対応するために，われわれはどのようなアプローチをとるべきなのだろうか．問題の原因となっているものを根本的に取り除くというアプローチを検討してみるのであれば，19世紀以降の人類社会の在り方そのものを変えることを考えることになる．ひとつの大きな要因は世界の人口の爆発的な増大であるのだから，世界の人口を減らすというアプローチが考えられる．20世紀以降に人権の概念に広く普及したことを考えると，今生きている人間を減らすというアプローチが取られることはあり得ない．しかし，人権はあくまで今生きている人間に適用されるものとされており，これから生まれてくる人間には適用されない．したがって，これから生まれてくる人間の数を減らすというアプローチはあり得ることになる（そもそも生まれてこない人は，生まれてこないことに対する苦痛を感じることはないのだから，という正当化ができる）．実際，国際社会においてアフリカを中心に，生まれてくる子供の数を抑制するアプローチは取られたことがあるし，今でも存在する．

　もうひとつの原因は，大量生産・大量消費というわれわれの生活のスタイルである．このスタイルを止めるというのもまた考えられるアプローチである．それは18世紀以前の人類にとっては当たり前であった生活に，すなわち自然資源を使わず，エネルギーを用いない生活に戻すということを意味する．われわ

れは大量生産の能力を失うことになり，同時に大量消費のライフスタイルもま
た失うことになる．このアプローチは生産と消費のレベルを産業革命以前に戻
すというものとなる．経済成長を放棄し，脱成長路線を取るものになる．

　しかし，環境保全のために経済成長を放棄し，産業革命以前の生活水準に戻
すというアプローチは，国際社会においては現状，支持されていないことを如
実に示しているのがSDGsである．SDGsが基本的に，経済成長を引き続き追
求していくことを支持する人たちの手によって作られたことは，SDGsという
名前からしても明らかである．SDGsのDはDevelopment（成長）である．

　SDGsが示している，この問題に対するアプローチとは何か．それは，考え
られるアプローチの中でも最も穏健なアプローチであると指摘できるだろう．
どういうものかと言うと，われわれの生活の仕方の変え方は軽微なものにとど
め，その範囲で環境問題に対応していきたいというものである．具体的には，
経済成長路線は堅持しつつ，自然資源利用と廃棄物排出の最小化を目指すとい
うものである．それは最小化であって，決して廃止ではない．その点は注意す
る必要がある．このことが示しているのは，SDGsは決して脱成長路線ではな
いということである．経済成長，つまり生産と消費のレベルを高めていくこと
を今後も放棄しない．しかしながら，天然資源や有害資源などの利用，廃棄物
や汚染物質の排出は最小限に抑えたい．生産と消費の方法を変えていくことで
それに対応したい，というのがSDGsの主張であるということなのである．そ
してその主張は同時に，今の国際社会，少なくともSDGsが採択された2015年
当時の国際社会の総意であるということになる．

　とはいえ，それは環境問題の完全な解決を保証するものではないということ
は明らかである．というのは，このアプローチは決して，問題の解決を第一義
とはしておらず，経済成長にプライオリティを置いている．経済成長が維持さ
れる限りにおいて問題に対処するという姿勢である．しかしながら，大量生産・
大量消費社会と環境破壊はほぼ表裏一体の関係である．エネルギー資源と鉱物
資源の活用が今の人類の経済活動の基本であることを先ほど確認したわけであ
るが，一般的に言って，こうした資源を採掘している時点ですでに環境破壊が
生じている．それは炭坑や鉱山がどれだけその地域の環境を変え，採掘の過程
でどのような廃棄物を排出しているかを確認すれば，明らかなことである．生

産のファーストステップがすでに環境破壊の一要因なわけであるが，それで終わりというわけではなく，生産から消費にいたるまで，現在の人類の経済活動はあらゆる段階で廃棄物を生み出しては環境破壊を引き起こしている．経済成長を維持しながら，環境保全と両立させるのは，極めて困難なミッションである．したがって，SDGs は，比較的穏健なアプローチを求めている現在の国際社会の総意を表現しているが，その総意が今後も同じかどうかはわからない．たとえば，社会にもっとラディカルな変化を求める，環境活動家グレタ・トゥーンベリ氏のような主張が多くのひとに共感されるなら，今後の状況が変わってくることもあるかもしれない．

資源をそもそも活用することを前提

　ともあれ，地球の有限性に対する比較的穏健なアプローチを提示しているSDGs の目標は，目標12「持続可能な生産消費形態を確保する」である．この目標文言が示しているように，生産消費自体を止めるのではなく，その「形態」（英語の原文は patterns となっている）またはパターンを変えることで環境問題に対処したいという考えを SDGs は提示している．まずはこの目標の中のターゲットの内，自然資源の有限性や廃棄物の問題について焦点を当てたターゲットは以下のとおりである（SDGs の日本語訳は，以下，総務省の仮訳（2019年8月）を引用する）．

　　ターゲット12.2　2030年までに天然資源の持続可能な管理及び効率的な利用を達成する．

　　ターゲット12.4　2020年までに，合意された国際的な枠組みに従い，製品ライフサイクルを通じ，環境上適正な化学物質や全ての廃棄物の管理を実現し，人の健康や環境への悪影響を最小化するため，化学物質や廃棄物の大気，水，土壌への放出を大幅に削減する．

　　ターゲット12.5　2030年までに，廃棄物の発生防止，削減，リサイクル及びリユースにより，廃棄物の発生を大幅に削減する．

第2章　環境を配慮しつつも経済成長を堅持するという方向性　*35*

このようにターゲット12.2は資源の無駄のない活用，ターゲット12.4は環境汚染を避けるための廃棄物の管理，ターゲット12.5は廃棄物削減をテーマとしている．それぞれのターゲットについて見ていくと，ターゲット12.2は，資源問題に対するアプローチとして，自然資源の浪費を防ぐ仕組みを推進することを訴えている．自然資源は使うことは止めない，しかし浪費することは避け，効率的に使いたいと訴えているわけである．このターゲットは明確に，経済成長路線の継続を前提にしつつ，自然資源の有限性の問題に対処したいとする，今の国際社会の態度を鮮明にしていると見ることができる．

　ターゲット12.4に関して，原文の英語と見比べると，「製品ライフサイクル」に該当する英文は存在せず，実はこちらはこの翻訳を作成した総務省の意訳ということになる．しかし，意味的には製品ライフサイクルのことを問題にしているので，これは意味的には良い翻訳であると思われる．そこで，この問題の「製品ライフサイクル」とは何なのかと言うことになるが，それは製品が生まれてから死ぬまでということを指している．つまりは，生産者が生産し，消費者が消費するまでということになる．そしてこのターゲット12.4では，この製品ライフサイクルのそれぞれの段階でどのような廃棄物（CO_2等の排気ガスも含む）が出て，それがどれほどの環境汚染につながっているかということを問題にしている．環境汚染をなるべく避けるために，それぞれの段階で出てくる廃棄物をなるべく管理して，地球環境にそのまま排出しないようにすることを訴えている．このターゲットもまた，廃棄物が出てしまうこと自体は仕方がないこととして容認している．出てしまった廃棄物についてしっかり管理すること，これがターゲット12.4の主張である．

　ターゲット12.5は，昨今，学校教育の中で取り扱われることが多いので，若い世代にとっては認知度が高い，3Rの実践を主張している．3Rとは Reduce（リデュース，削減），Reuse（リユース，再利用），Recycle（リサイクル，再生利用）の頭文字を取ったものである．尚，リユースとリサイクルの違いであるが，リユースは同じものを繰り返し使うことを指し，それに対してリサイクルは，一度ゴミになったものを何らかの製品の一部としてもう一度活用することを指す．リユースにしてもリサイクルにしても，最終的に排出するゴミを削減することが目的なので，すべてはリデュースに通じている．ここでも明らか

なように，削減が目的であって，それは完全になくすということではない．ゴミはやはり出るのである．現実的に考えれば，リユースはともかく，リサイクルが成立するのは極めて限定的な状況であることがわかる．著者は船橋市にある船橋北部清掃工場に見学に行ったことがあるが，そこで生ゴミについては，コンポストという形でリサイクルをする方法があることを教えてもらった．しかし同時に，コンポストは堆肥なので，日本の現在の社会の中で堆肥が必要とされる機会が少なく有効活用が難しいということも教えてもらった．つまり日本においては，無理してリサイクルをして堆肥を大量に作ったとしても，有効活用できず，結局ゴミになるという現実があるということである．一般的に言って，リサイクルで好循環を生み出すためには，様々な条件が揃っている必要があり（または，そのような好循環を生み出すための状況を意図的に生み出す必要がある），それは極めて限定的な状況下であるということになる．

　話を戻すと，生産者・消費者がともに3Rの取り組みを尽くしたとして，究極的には人間が経済活動を続けている以上は，それでもゴミはどうしても出てしまう．そうしたゴミに対しては，ターゲット12.4の考え方が適用されることになる．つまり自然への負荷を減らす形で廃棄することを目指すことになる．

生産者・消費者の意識変革

　目標12はまた，ひとびとの意識変革の必要性もまた訴えている．具体的にはターゲット12.8である．

　　ターゲット12.8　2030年までに，人々があらゆる場所において，持続可能な開発及び自然と調和したライフスタイルに関する情報と意識を持つようにする．

　このターゲットは，あらゆる人間は消費者であることを踏まえると，消費者の視点にかかわりの強いターゲットである．その視点からこのターゲットを理解すると，自然資源の有限性と環境問題を知識として理解し，そしてそうした問題に対して意識のある消費者を増やしていくことが重要であると，このターゲットは訴えていることになる．このような意識のある消費者が存在しなけれ

ば，さきほどの3Rも取り組まれようがないだろう．こうした消費者のマインドに関して，昨今，エシカル消費という考え方が注目されつつある．エシカル消費は，私たちが社会・環境・人権などに配慮した商品やサービスを消費することを指す．このエシカル消費の重要な点は，生産者は消費者側のニーズなしには製品が作れないという意味において，生産者側の生産パターンを変えていく力を持っているということにある．つまりは，エシカル消費への嗜好が高い消費者たちの存在によって，環境への意識のある企業活動を促していくことが可能になるのである．エシカル消費については，次章で詳しく見ていくことにしたい．

　ターゲット12.8がどちらかと言うと消費者に関するものであるのに対し，企業・生産者側に関係するのはターゲット12.6である．

　　ターゲット12.6　特に大企業や多国籍企業などの企業に対し，持続可能な取り組みを導入し，持続可能性に関する情報を定期報告に盛り込むよう奨励する．

　持続可能な環境・社会の構築に向けた実践を企業に求めるのがターゲット12.6である．昨今は大企業では特に盛んであるが，自社のCSR（Corporate Social Responsiblity: 企業の社会的責任）としてそうした活動をすることが実際，多くなってきている．そして，そうした活動に関しては外部への情報開示をすることも同時に，ターゲット12.6は求めている．実際に多くの企業が様々な報告書を作成したり，自社のホームページで情報公開をしたりしている．この情報公開は，消費者と投資家にとって極めて重要である．消費者側からすれば，ターゲット12.8を実現しようとする消費者，つまりエシカル消費をしようとする消費者としてふるまうためには，エシカル消費に適合する取り組みを企業が行っているかどうかの情報を得ておかなければならない．そうした情報がなければ，エシカル消費をしようにもしようがないことになってしまう．また，投資家たちにとっても重要である．イントロダクションでも触れた通り，サステナビリティに関する取り組みをしているかどうかは，その企業に投資するかどうかを判断する際の決め手とされることが多くなってきている（適切な取り組みをしていることが確認できないところを投資先から外すという判断のしかたがもっとも一般的である．こ

れを「ネガティブ・スクリーニング」と言う）．その際，投資家たちは，サステナビリティに関する企業の情報公開に基づいて投資の判断をしているのである．ESG投資がそうした投資に当たる．企業の側からすると，サステナビリティに関する取り組みを実施することは，自社の商品の市場競争力を高めることにも，投資家たちから投資を集めることにもかかわってくるのである．SDGsが「儲かる」というのはそういう意味である．

食料に関して

SDGsの中で食料に関する目標と言うと，飢餓の撲滅を訴える目標2になるが，実は目標12は，食料の生産・消費についても取り扱っている．それはターゲット12.3である．

> ターゲット12.3　2030年までに小売・消費レベルにおける世界全体の1人当たりの食料の廃棄を半減させ，収穫後損失などの生産・サプライチェーンにおける食品ロスを減少させる．

ここでは食品ロスがテーマになっている．食品ロスはなぜ問題か．食品ロスは深刻なゴミ問題であり，それぞれの家庭から排出されるゴミの中で最も多いのが食品であって，いわゆる生ゴミである．したがって，われわれの生活から生じる廃棄物の削減のために，食品ロスに対処することは極めて重要である．しかし，それと同時に，目標2の飢餓の要因ともなっているという点もあるだろう．われわれの生産・消費のパターンが飢餓の問題とも関係しているという見解をSDGsは暗示していると理解しても誤りではないだろう．生産・サプライチェーンという用語がここで登場しているが，これはひとつの製品（今の場合は食料）が生産されてから，物流に乗り，最終的には消費者の手に届くという一連の流れ（チェーン）を指している．生産の段階で見ていくと，畑等で収穫されるとき，または収穫後に保管している段階で，食べられなくなるものが生じてしまい，ゴミとして廃棄するということが起こる．その後，物流に乗り，スーパーマーケット等の小売りの段階で，売れ残る等で廃棄物となり捨てられるということが起こる．そしてスーパーマーケット等で購入した消費者が自分

の家で食料を保管しているうちに腐らせる等をして結局捨ててしまうということが起きる．尚，相対的に見ると，先進国では消費段階で，発展途上国では生産段階で食品ロスが起きるケースが多いという統計が出ている．発展途上国では生産段階での食品ロスが多いというのは，技術やインフラの欠落なり，非常に暑い気候が要因となって，食糧がすぐに傷んでしまうということが起こりがちということである．こうした食品ロスは，飢餓に苦しむ地域では生存にかかわる問題となり，逆に食品ロスの対策をしていくことは，そのまま飢餓の撲滅に貢献することにもなっていくのである．

　この食品ロスと飢餓に関する観点を考慮しても明らかであるが，SDGs は，経済成長を促す方針は放棄できないという態度を取っている．前章でも見たことであるが，現在でも経済成長支援は，世界の貧困対策として国際社会において取られている有力なアプローチであり続けている．経済成長における生産能力の向上の中には食料の生産能力の向上も含まれている．われわれは機械とエネルギーを用いて農作物の生産能力を高めてきたし，そうして大量に作った農作物を加工したり，または遠くに早く届けたりすることを可能にしてきた．食品ロスと飢餓の問題を合わせて理解すると，飢餓の問題は食糧の分配の問題として理解できるようになるが，つまりは現代社会の食糧問題が「世界の食料が足りないわけではなく，ある場所では余り，ある場所では足りない」という分配の問題として理解されるということである．しかし，経済成長とエネルギー活用を放棄したら，こうした食料を大量に生産する能力もまた失うことになるわけで，飢餓問題の性質が変わってしまう．つまり，その場合はもはや分配の問題ではなく，そもそも食料の絶対量が足りない事態になる．食品ロスという問題に対する対処もまた，大量生産・大量消費の社会の在り方を前提にせざるを得ないのである．

　このことは，1987年に定義された「持続可能な開発」の概念からしてそうである．つまり，環境保全のために，すなわち未来の世代のために，今存在している世代のベーシック・ヒューマン・ニーズを犠牲にはできないという態度が表明されているのである．ここには人権概念に対する強い支持が国際社会にはあると見てよいだろう．個人個人の生存権という観点から，現在の資本主義システムが存続していく限りは，経済成長は優先される他ないのであって，つま

るところ，人権は環境保全よりも優先されるべきと，今の国際社会は信じているのである．このように，SDGs からは，われわれの世界の精神文化ないし価値観の一端が見えてくるのである．

第3章　フェアトレードとエシカル消費

SDGs の目標 8 に注目

　ここまで SDGs の構成について説明してこなかったが，それを本章で取り上げつつ，フェアトレードとエシカル消費について解説していきたい．SDGs は，目標（ゴール goal），ターゲット（target），指標（indicator）の3つの構成要素でできている．これまで見てきたように，SDGs には17の目標がある．17の目標についてはすでに見ているわけであるが，極めて包括的な目標となっていて，具体性はない．目標にはそれぞれターゲットが複数定められているのだが，ターゲットはより具体性を持った目標を提示しているものである．そして最後に指標であるが，そのターゲットがどこまで達成されたかを確認するためには何を基準にして測るかを決めておかなければならないわけであるが，それを定めているのが指標である．指標に基づいた数値を見ることで，該当するターゲットがどこまで達成されたのかを確認できるということである．

　そこで具体例として目標8を見ていこう．目標（ゴール）8は以下のとおりである．

> ゴール8　包摂的かつ持続可能な経済成長及びすべての人々の完全かつ生産的な雇用と働きがいのある人間らしい雇用（ディーセント・ワーク）を促進する．

　この目標は，経済成長と雇用にフォーカスを当てている．「ディーセント・ワーク」（decent work）という言葉は聞きなれないかもしれないが，この言葉は英語では奴隷労働の対義語として使われることが多い言葉である．権利が保護されておらず，十分な収入も社会保護もないのが奴隷労働であるから，その反対がディーセント・ワークということになる．ディーセント・ワークを推進すると

いうことは，つまり，現代の奴隷労働や強制労働を撲滅していくということである．

　日本政府がなぜこのような翻訳を採用したのかという文脈を著者は把握していないのだが，ディーセント・ワークの日本語訳は「働きがいのある人間らしい雇用」とされている．「あなたは今の仕事で働きがいを感じていますか？」と聞かれたら，日本のサラリーマンの大多数がドキッとするのではないだろうか．実のところ，「働きがいのある人間らしい雇用」の実現は，明らかに本来の英語の「ディーセント・ワーク」の実現よりハードルが高い．奴隷労働のような状態にあって，その労働に働きがいを感じることはできないことは間違いない．しかし，権利が保護され，十分な収入と社会保護を得られている日本のサラリーマンが自分の仕事に働きがいを感じているかというと，必ずしもそうではないだろう．ディーセント・ワークの実現は働きがいを感じるための必要条件ではあっても十分条件ではないということになるだろう．働きがいという心理面の問題に対応する具体的なターゲットもこの目標8にはないことを踏まえると，これは日本政府としての問題意識の表れなのだろうか．働きがいがないことに関する原因は多数考えられ，そうしたものが複雑に絡まりあっていることが想定される．たとえば，「管理職の能力不足で作業分担がうまく行っておらず，暇な時間が長い」，「役所などの非効率性ないし規制が生み出している，本来は社会的に存在しなくても良い仕事である」，「実質的に他人をだましているに近い行為をしてお金を儲けている」等々，本当に様々なレベルのものがあるだろう．たしかに重要な課題意識を日本政府がディーセント・ワークの翻訳を通じて提示していると思われるものの，こうした働きがいを阻害する要因を取り除くための具体的なターゲットがSDGsには存在せず，SDGsに即してこの議論をこれ以上展開することはできないので，ここではこのような指摘にとどめる．ただし，「人間の尊厳を守ること」ということ自体を経営目標にして具体化し，さらにはビジネス的にも成功してきたブルネロ・クチネリのような会社も存在することに触れておく（クチネリ，ブルネオ『人間主義的経営』(2018)，岩崎春夫訳，クロスメディア・パブリッシング，2021)．

強制労働・児童労働・人身売買の撲滅というターゲット

　さて次に，ターゲットを見ていきたい．目標 8 には12のターゲットがある．そしてそれは8.1，8.2〜8.10，8.a，8.b というように表記される．たとえば，ターゲット8.7の場合，目標 8 の 7 つ目のターゲットということを意味しているということである．このターゲット8.7の中身についても見ていきたいのだが，それは以下のとおりである．

> 　ターゲット8.7　強制労働を根絶し，現代の奴隷制，人身売買を終らせるための緊急かつ効果的な措置の実施，最悪な形態の児童労働の禁止及び撲滅を確保する．2025年までに児童兵士の募集と使用を含むあらゆる形態の児童労働を撲滅する．

　先程の目標（ゴール）と比べると，より具体的な問題設定があることがわかる．ターゲット8.7では，強制労働，現代の奴隷制，人身売買，児童労働が具体的に問題となっており，それらの撲滅が達成目標となっている．そしてこのターゲット独自の特徴として，児童労働の撲滅に関しては2025年に達成したいというように早めの設定がなされていることだ．SDGs は本来2030年に達成することを目指した目標であるから，通常より 5 年早い設定となっている．このように2030年より早い達成を目指す SDGs のターゲットはターゲット8.7以外にも実はいくつか存在していて，ターゲット8.7はその一例である．この 5 年早めている意味をどう理解するかについては，色々な考え方があり得る．比較的簡単に解決可能な問題だからかもしれないし，緊急性が高いと国際社会が判断している問題だからかもしれない．今あげたふたつであれば，後者のほうがターゲット8.7の理解としては適切であると思われる．というのは，データ上で判断する限り，2025年までに児童労働に従事する児童の数がゼロになる見込みはないからである．国際社会が児童労働を深刻と考え，なるべく早く解決したいという意思を表していると解釈するほうが妥当であると思われる．

　このような 5 年達成を早めているターゲットであることからして窺い知れることであるが，目標 8 の12のターゲットのうち，強制労働，児童労働，人身取

引の撲滅を定めるターゲット8.7は最も重要視されているターゲットのひとつであると見ることができる．なぜなら，SDGs が登場するよりはるか昔から，この問題は国際社会で認識され，解決が訴えられ続けてきたからだ．強制労働，児童労働，人身売買の撲滅という主張は，1948年に国連の総会で採択された「世界人権宣言」においてすでに確認することができる．第二次世界大戦後，女性参政権等，人権のリストが大幅に拡大したが，その出発点となったのが世界人権宣言である．そして強制労働，児童労働，人身売買の撲滅というテーマもまた，そうした流れの中で登場したのである．世界人権宣言を基礎として，後に「自由権規約」（1976年効力発生）と「社会権規約」（1966年効力発生）が成立したが，その中でも強制労働，児童労働，人身取引の撲滅が明記されている．国連機関の ILO（国際労働機関）の「中核的労働基準」にもまた明記されている．SDGs のターゲット8.7となっている強制労働，児童労働，人身売買の撲滅は，以上のような国際法に根拠があり，国際社会で長年意識されてきた課題であると言える．しかし，SDGs に至ってもまだ課題とされている．ということは，この問題は国際社会で長らく認識されてきたものの，解決されないまま今日に至っている深刻な問題であるということになる．だからこそ，本当に実現できるかという現実的な視点はともかくとして，なるべく早く解決したいという国際社会の強い意志が，2025年という数字に表れていると見ることができるだろう．

ターゲット8.7の指標について

ここまで SDGs の３つの構成要素の内，目標（ゴール）とターゲットを見た．最後の構成要素として，指標（indicator）がある．そこでターゲット8.7の指標を取り上げたい．このターゲットがどれほど達成されているかを測る指標がひとつ定められている．ターゲットによっては複数の指標が定められているが，ターゲット8.7の場合はひとつだけである．それは指標8.7.1と表記され，「1」の部分はターゲット8.7の一つ目の指標と言うことを指している．内容については以下のとおりである．

指標8.7.1　児童労働者（5〜17歳）の割合と数（性別，年齢別）

ターゲット8.7の指標はこのひとつしかないので，強制労働，児童労働，人身売買の撲滅のターゲットであるものの，そのターゲットが達成されたかどうかは児童労働者の割合と数のみで測ることになる．ということは，強制労働と人身売買については児童労働が撲滅したら，一緒に撲滅したものとみなすことになる．そしてこの指標を踏まえて改めてターゲットのほうを読むと，2025年までにあらゆる形態の児童労働を撲滅するとされていたが，指標では児童労働のことしか問題にしていないので，児童労働は2025年までに，それ以外の強制労働と人身売買は2030年までに撲滅しようと言うことではなく，ターゲット8.7全体が2025年までに達成を目指すものとして理解することができる．

さて，指標8.7.1であるが，この指標の調査は極めて困難であるが，国連機関の国際労働機関（ILO）が4年に一度調査して，推計を発表している．ILOが発表している推計に従って，ターゲット8.7がどれほど達成されているかが判断できる．2017年の報告書 "Global Estimates of Child Labour: Results and trends, 2012-2016" によると，2016年時点の児童労働者数（5歳-17歳）は，1億5200万人であり，割合としては，世界の子どもの10人に1人であると推計される．この推計を見る限り，児童労働者の数と割合はまだまだ高いことがわかる．ただし，それでも，過去のデータと比較すると，児童労働者の数と割合は年々，確実に下がってきている．しかしながら，現状のペースでは，2025年に解決が見込めるような問題ではないこともまたわかる．ターゲット8.7を達成するためには，国際社会のさらなる努力が求められるのだろう．

このレポートによると，世界の児童労働者の半分は，アフリカにいるとされている．そしてアフリカ地域では，子供の5人に1人が児童労働者である．したがって，世界の児童労働者数を減らすためには，アフリカ地域での状況の改善が不可欠である．ただし，アフリカ地域と言っても，多数の国が集まっている地域であり，国によって産業も異なり，児童労働の形態も異なってくる．それぞれの状況・事情に合わせたアプローチが必要となってくるわけであるが，ここでは，カカオ豆の2大生産国であるガーナとコートジボワールのケースについて見ていきたい．カカオ豆はチョコレートの原料となる．このカカオ豆のグローバル市場のシェアを見ていくと，西アフリカの国々がかなり多くの部分を占めており，コートジボワールとガーナとカメルーンとナイジェリアは四大

生産国であり，世界のシェアの74%を占めている．その中でもコートジボワールとガーナは突出している．したがって，ガーナとコートジボワールの児童労働は，カカオ農園で起きている問題となる．欧州の15の非営利団体（NPO）による2020年度版の『カカオ指標（Cocoa Barometer）』（Fountain, Antonie C. and Hütz-Adams, Friedel, 2020 Cocoa Barometer, 2020）によると，ガーナとコートジボワールでは150万人の子どもがカカオ農園で働いていると推定されている．その内の95%は，危険な道具の使用を必要とする労働形態であったり，農薬に曝されている労働形態であったりする等，最悪形態の児童労働の状況に置かれている．

　ここで，ひとつ解説を加えておく必要があるが，児童労働は一般にふたつの定義がある．ひとつは，最低年齢を下回る雇用というものである．世界的には，5歳から11歳までの児童は週に1時間以上働いていると，今問題になっている児童労働者としてカウントされる．グローバルな定義に従うと，5歳から11歳までの児童に許される労働時間は週に1時間以内ということである．12歳から14歳までの児童の場合は，週に14時間以上労働をすると，児童労働者としてカウントされる．そして15歳から17歳までの児童は，週に43時間以上労働している場合にカウントされる．「児童労働者数（5歳-17歳）」は，こうした条件に当てはまる児童の数ということである．12歳から14歳まででこの条件に当てはまる児童は，学校に通うのが難しく，子供としての生活が許されていない状況として考えられ，逆に言うと，この時間数はそういう趣旨のラインと言うことである．15歳から17歳までの児童は，ほぼ大人と同程度の労働時間働けるが，週に最低1日の休日は設けなければならないという基準になっている．そして，5歳から11歳までの児童については，いかなる場合でも労働をさせてはいけないというメッセージを含む基準となっていることがわかるだろう．

　もうひとつのほうの児童労働は「最悪形態の児童労働」（The Worst Forms of Child Labour: WFCL）と呼ばれているものである．これにはさらにふたつのカテゴリーがあり，無条件的最悪形態（unconditional worst forms）と条件的最悪形態（conditional worst forms）がある．無条件的最悪形態とは，人身売買や奴隷労働，強制労働が伴うもので，これはグローバルレベルで定義されている児童労働の最悪形態である．それに対して，条件的最悪形態とは，危険労働（hazardous labour）とも呼ばれているもので，危険労働の中身については，それぞれの国で決められているようなものである．たとえば，開墾作業であったり，重たい荷物を運ぶようなものだったり，鋭利な道具を使うものだったり，農薬に曝されるものであったり，長時間労働，夜間労働であったりしたりする等，危険労働に該当する．

なぜ児童労働は問題か

こうした国においても，児童労働は当然，違法行為である．しかしながら，罰則が存在しないので，児童労働が存続し続けてしまっているのが現状である．こうした児童労働問題はどのような問題として理解できるか．それは人権侵害である．児童たちは人権侵害を受けているのであるが，大きくはふたつのタイプの人権侵害が考えられる．ひとつには，健康に関するものである．劣悪な労働環境に置かれ，炎天下で長時間働くのが常態となっており，カカオ豆を鞘から取り出すために鋭利な刃物も使っている．典型的な危険労働であるが，何より深刻であると考えられるのが，農薬被害である．『カカオ指標』では，40％以上の児童が労働による極度な疲労を感じており，3分の1の児童はひどい痛みを感じており，4分の1が体調がとても悪く，10分の1が医療センターで治療を受けなければならなかったと報告されている．

もうひとつは，教育を受ける権利の侵害である．定義からして，児童労働者とは，学校に行っているべき時間を労働に使っている児童を指す．したがって，ほとんどの児童労働者は学校に通っていない．それはつまり，初等・中等教育が受けられていないことを意味する．これは SDGs の目標4のほうで問題にされていることである．具体的にはターゲット4.1が該当し，そこで初等教育と中等教育へのアクセスが問題とされている．

> ターゲット4.1 2030年までに，すべての子供が男女の区別なく，適切かつ効果的な学習成果をもたらす，無償かつ公正で質の高い初等教育及び中等教育を修了できるようにする．

ターゲット4.1の達成を妨げる大きな要因のひとつとして児童労働が位置づ

けられることになる．すべての児童が初等・中等教育を受けられるような世界
を実現していくためには，児童労働の撲滅が必要だ．そして初等・中等教育を
受けられていないということは，必然的に識字能力（読み書き能力）が身に付け，
その意義を理解する機会がないということを意味する．こちらはSDGsのター
ゲット4.6がフォーカスを当てているものである．

　　　ターゲット4.6　2030年までに，すべての若者及び大多数（男女ともに）の
　　　成人が，読み書き能力及び基本的計算能力を身に付けられるようにする．

　識字は人間の最も基礎的な能力のひとつであることは疑いえない．読み書き
ができないということは，世の中の大多数の情報に自力でアクセスできない情
報弱者になることを意味し，また仕事を見つけるのが難しくなるだけではなく，
契約を自力で結ぶことができなくなるので，労働契約を自力で結べないので不
当な契約を結ばされるリスクに常にさらされ，銀行口座を自力で開けないので，
他人に自分のお金を管理される経済弱者にもなる．政治参加のしかたもかなり
限定的になり，政治的自由も奪われる．識字能力が奪われるということは，基
本的人権として理解されている数多くの人権を奪われることになるのである．
小学校に行けずに読み書き能力が習得できなくなるというのは極めて重大な人
権問題であって，その問題を引き起こす児童労働は極めて深刻な問題であるこ
とになる．

なぜ児童労働が必要なのか

　しかしなぜ，児童労働が必要とされるのか．これは決して児童虐待そのもの
を目的としているものではない．これはカカオ農園に特有ではなく，発展途上
国に広く一般的に見られる現象であるのだが，身近に多様なキャリアのロール
モデルが存在しないということが，親が子供に学校に行かせない大きな要因の
ひとつであることは疑いえない．つまり，身近に学校に行ったことがある人間
がいないので，学校を卒業した後に得られる多様なキャリアに対する理解がな
く，農家になる以外のキャリアについて想像ができないという状況になってい
る．ロールモデルの不足により，本来は享受できるはずの可能性が自分に開か

れているとは認識できないということは大なり小なり，日本でもあることである．（しっかりした統計データを持っているわけではないが）フランスの大学の修士課程や博士課程に進学している日本人は東京大学出身者ばかりの印象があると言うようなことを大学生たちと雑談をすることがある．フランスの大学に進学するにあたって，東京大学出身だからと言って，何かしら優遇されることはなく，大学入学以降に身に着けた学力が純粋に要求されるだけなので，本来は，日本のどの大学出身の学生にも開かれている進学先であるにもかかわらず，実際には東京大学出身が多い．このような話を学生とすると，「それは先生，知識としてはそういう進学先があることはわかりますけど，先輩でそうした進学先を選んだひとはいませんし，自分にそういう道があると想像すらできませんもん」と学生が率直に返してくる．身近にロールモデルが存在しないと，自分にそのロールモデルを辿れる可能性があることを認識できないということである．翻って言えば，東京大学出身者は，そのような進学先を選んだひとが上の学年にすでに多数存在するので，現実的な選択肢として検討できるのであろう（このようなことは，社会学や文化研究では「文化資本」として分析されることである）．尚，学校に子供を行かせる意義を理解しない親たちを説得するアプローチとしては，学校で給食を無料で提供するというものが考えられる．著者がカンボジアの小学校を訪れたときに，小学校の先生にどうやって子供たちを集めているのかを聞いたところ，「学校ではタダでご飯が食べられると親たちに知らせると，親たちは喜んで子供を学校に通わせるんですよ」と言っていた．このようなアプローチはカンボジアに限らず，様々なエリアで実施されている有効なアプローチである（もちろん，学校側は給食を無料で提供するための外部資金をいかに獲得するかという問題を乗り越える必要がある）．

　児童労働に関するカカオ農園に特徴的な事情という点に触れると，カカオ豆の価格が基本的には安く，カカオ農園の収益が小さいという背景がある．ガーナのカカオ農園で働く農民で生活費をカバーできるだけの年収がある世帯は全体の9.4％であって，農民の年収の中央値は2000 US ドル以下である．ということは，一日につき5.48ドル以下しか稼げていないのが，ガーナのカカオ農家としては最もよくある現実の状況ということになる．これは当然，カカオ農園全体の収益が小さいことに起因している．このような文脈の中で，収支のやり

くりに苦心する小農園の多くが、価格競争力を維持するために、人件費削減の意図の下、子どもを働かせているのである。

カカオの価格について、単に安いだけではなく、近年は価格変動も激しくなっており、カカオ農園の収入は不安定でもある点も問題である。『カカオ指標』によると、近年では2016年と2020年に国際価格が劇的に暴落している。2016年の価格暴落については、カカオの過剰生産が原因であったため、コートジボワール政府は、価格調整のために生産量調整を行ったが、他方、エクアドルやペルーやカメルーンは逆に生産量を増やし、カカオの国際価格の調整が成功しなかった。2020年の暴落は新型コロナウイルスのパンデミックによるチョコレート需要の低下によってもたらされたものである。カカオ農園の側からすると、カカオの価格が不安定だと言うことは、収益の不安定さにつながる。そのような状態であると、支出が増えることにつながる選択肢を農園側は選びづらくなり、児童労働の状況の改善という観点からは望ましくない状況である。さらに、長期的なスケールで価格変動を見ると、価格は徐々に下がっていっているトレンドもまた示しているので、その状況が改善していくようなポジティブな見通しがなかなか持てないのが現状であることがわかる（ただし、ここ3年はカカオの不作により、先物取引価格が歴史的高騰を記録している）。

児童労働問題とわれわれ消費者との関係

さて、チョコレート産業と児童労働のつながりの問題について、われわれは関係しているのだろうか。実のところ、われわれがチョコレートを食べて消費しているのであれば、決して無関係ではない。順番に考えてみよう。ガーナとコートジボワールのカカオ農園から安すぎる値段でカカオを購入しているのは誰か。それはチョコレート企業である。チョコレート企業がカカオ豆を安い値段で買いたたくので、カカオ農園の収益が減り、児童労働の必要性が生じてしまうのである（正確には、カカオ豆は、ニューヨークの先物市場で国際価格が決まり、その価格で商社が農家からカカオ豆を買い取り、そして商社からチョコレート会社は購入するという流れになる）。その意味で、チョコレート企業はガーナとコートジボワールの児童労働問題の原因を作り出しており、この問題の存続に加担してしまっ

ている.

　しかし，チョコレート企業はなぜカカオ豆の購入価格をなるべく下げようと
するのか．それは決して，チョコレート企業側に児童労働問題を悪化させよう
という積極的な悪意があるからではない．そうではなく，なるべく安いチョコ
レートを作るために，なるべく原材料費を下げたいという意思が働くからであ
る．ではなぜチョコレート企業はなるべく安いチョコレートを作りたいかと言
えば，消費者が安いチョコレートを好むからである．私たち消費者がチョコレー
トを買おうと思った際，数あるチョコレートからひとつを選ぶとすれば，その
決め手は味であったりパッケージのデザインであったり，色々なものがあり得
る．しかし，その中でも値段は大きな決め手のひとつである．児童労働が横行
しているカカオ農園のカカオ豆を購入する会社は児童労働を促進する力になっ
てしまっており，われわれ消費者がその会社のチョコレートを購入していると
すれば，われわれもまた，児童労働の存続に加担してしまっていると言うこと
になる．

われわれ消費者が取るべきアプローチとは

　チョコレートを購入することによって，われわれが児童労働問題の存続に加
担してしまっているとすれば，児童労働の撲滅のために，われわれにできるこ
とは何だろうか．どのような行動をすべきなのだろうか．われわれ消費者の購
買活動が問題の原因であるとするなら，われわれの購買活動を見直すことで，
問題解決に貢献できるのではないかと考えることができるだろう．いかにして，
われわれの購買活動を，人権問題解決の力に変えることができるのだろうか．

　解決のためのアプローチのひとつとして，自然に思いつくのは，不買であろ
う．すなわち，消費者はガーナとコートジボワール産のチョコレートを買わな
い（不買する），ということである．消費者による不買運動というのは，今日，
多様な場面で見受けられるもので，市場シェアの大きい商品を取り扱う企業に
対しては極めて有効であると考えられる．企業は自社の商品を売り続けるため
には，商品の素材を提供する，人権侵害に関与している生産者との取引関係を
見直さざるを得なくなる．今回のチョコレートの場合であれば，消費者がガー

ナとコートジボワール産のチョコレートの購入を拒否するので，企業としては，ガーナとコートジボワールのカカオを買わないで，人権侵害の恐れのない，別の国の農園からカカオ豆を購入しようという選択を取っていくことになる．

　しかし，実際にガーナとコートジボワール産のチョコレートの不買を実際に行ったとして，ガーナとコートジボワールのカカオ農園の人権状況は改善するのだろうか．単に，カカオ農園の収益状況がさらに悪化し，人権状況も悪化を辿るだけではないだろうか．貧困地域の産業に対する不買のアプローチは状況をむしろ悪化させてしまうことが経験的に知られている（産業が異なるが，たとえば，トレーサビリティや人権デューディリジェンスの議論の発端となったコンゴ民主共和国の「紛争鉱物」を巡る歴史的展開を想定されたい）．

　このような状況に対して効果的なアプローチを実施している企業が昨今は増えてきている．そのアプローチとは，条件付きの購入である．ガーナとコートジボワールのカカオを「買わない」というアプローチよりも，「買うから，こちらの条件を受け入れてほしい」という理屈のアプローチの方が，現地の産業の形を変える起爆剤となるのである．すなわち，「子供の労働者を使わないと約束できるなら，国際先物取引価格よりはるかに高い価格であなたのカカオ豆を買います」と現地の農園を説得して直接取引をするやり方である．このアプローチが昨今はよく取られている．これがフェアトレードである．

フェアトレードとは

　フェアトレード（Fair trade）とは何か．ここでは WFTO による定義を見ておこう（https://wfto.com/）．

① 貿易による貧困削減を目指し，経済的に立場の弱い生産者が収入を得て自立できるよう支援する．
② 生産者自身が望ましいと考える水準の生活を保てるだけの公正な対価を支払う．
③ 女性にも男性にも平等な賃金を支払う．
④ その土地の文化や伝統を尊重し，宗教や階層，年齢などによる差別を

なくすよう努力する.

　フェアトレード（公正な商取引・貿易）という名前からして，2番目の定義「公正な対価を支払う」が重要である．しかし，ここで，商取引とはそもそも二者間の交換行為であって，お互いの合意がない限りは成立しないものであるから，その意味において公正でないトレードなど存在しないはずだ，と思うひとはいるかもしれない．実のところ，ここで言うフェアないし公正は，そのような一般的な意味ではなく，特殊な意味を帯びている．フェアトレードはもともとフリートレード（自由貿易）の対義語として登場した．第二次世界大戦後，発展途上国の経済成長支援名目で，自由市場の促進がなされたということは以前にも触れた．その結果として，債務だらけとなる旧植民地が多数になってしまった．ここでもウォーラーステインの議論を援用すると，宗主国と植民地の経済関係は植民地の独立後にも維持され，旧宗主国が価格の高い工業製品を売り，旧植民地はその材料（一次産品：価格が断然安い）を売るというシステムが維持され続けている．市場が自由化すると，消費者の購買力が相対的に上がるので，消費が促され，旧宗主国側の商品も旧植民地側の商品も販売量が増える．しかしながら，売り物が変わらず，市場での両者の役割が変わらないのが問題である．すなわち旧宗主国は価格の高い工業製品を売り続け，旧植民地はその材料を売り続けることしかできず，自由市場化によってこの不均衡はむしろさらに悪化していくことになるのだ．フェアトレードという言葉は，このような状況を改善するための貿易のありかたが議論される際に登場したものだった．

　カカオ農家はなぜ貧しいのか．それは，国際市場においてカカオ豆の場合は先物取引されるが，カカオ豆は供給過多の傾向にあるため，この先物取引価格はどうしても低くなりがちだからである．安く売らざるを得ない国際市場以外に売り場所があれば良いのだが，それもない．植民地時代にカカオが持ち込まれたのは，ヨーロッパに輸出するためであって，植民地支配が終わった後も，カカオ豆は輸出向けの農作物であり続けている．したがって，カカオ豆の国内市場は存在しない．自由市場は本来，売り手と買い手双方の意思をすり合わせて，お互い双方が納得できる価格で商取引がなされる．買い手が提示する買取金額に不満があれば，より高額の買取金額を提示する別の買い手を売り手は探

せばよい．しかし，それは買い手の数が多い場合にできることである．より良い金額を提示してくれる買い手がいなければ，結局，安い金額を提示する買い手に売らざるを得ない．このように，買い手の数が限られている場合，あるいは売り手の数が多すぎる場合は，価格決定は買い手のほうの意向が強く反映されるようになってしまうのである．尚，農家のほうにカカオ豆だけではなく，別の農作物も取り扱う柔軟性があれば，リスクヘッジができるだろうが，ガーナやコートジボワールに限らず，またはカカオ豆に限らず，単一作物の生産（モノカルチャー）に特化しているのが旧植民地の農業のビジネスモデルである（効率的に大量生産するのに適しているという利点はある）．

　この市場原理は需要と供給の関係に基づくものであって，生産者側のコストを考慮するものではない．供給過多の場合，価格が下がり，場合によっては生産者側のコストよりも低い価格になることがある．それが生産者側のコストの削減，すなわち人件費の削減（児童労働への誘因）への圧力になるのである．このような状況を是正するフェア（公正）な貿易システムを構築しようという議論になると，当然，国家間の合意の問題となり，WTO や GATT の改革の議論となる．そのような議論は今日でも継続してなされている．しかし，現代のフェアトレードという言葉が指しているのは，こうした根本的な議論や産業構造の問題よりも，この経済的不均衡を是正するための民間で取り組めるアプローチであることが多い．それは先進国の企業が，商社を介さず，途上国の農作物を公正な価格で直接買い取ろうとするアプローチを指す．

　ここで言う「公正な価格」とは何か．それは，生産コストと生産物の品質，それに加えて投資や開発にかかった費用を反映する価格ということである．これは，市場の変動に追随する価格ではない．生産者側のあらゆるコストを考慮して，さらに利潤分を上乗せする価格を設定することで，生産者側が確実に収益を得ることができるようにするのである．公正な価格を下回る市場価格で取引されると，カカオ農園の低収入と，コストカットのための児童労働につながってしまうのであるからこそ，公正な価格で取引されれば，児童労働への誘因をなくすことができる．しかし，それはチョコレート会社の視点に立つと，原材料費が高くなることを意味するので，フェアトレード商品は一般的には値段が高くなる（ただし近年は，カカオの不作により供給が減り，市場価格が公正な価格を上回

るようなことも生じてきているので，その限りではない）．

　公正な価格以外にフェアトレードに特徴的なのは，多くの場合，有機栽培が同時に推奨されるということである．農薬を用いる従来型（conventional）栽培に対して，有機（organic）栽培が推奨されるのである．農薬を使わない栽培は難しい．一般論で言えば，植物の進化のひとつの流れは，動物や虫に食べられないように毒性を獲得していくことだった．われわれが雑草を食べたら，だいたいお腹を壊すのは，そのような事情である．したがって，われわれが普段食べる野菜や果物は，人類の長年の品種改良により，味を向上させつつ，毒性を弱めたものである．しかし，毒性が弱いということは，人類にだけではなく，他の動物や虫にも食べやすいものということであり，こうした農作物は生物として脆弱である．したがって，農薬を使って，他の動物や虫を寄せ付けないようにする必要がある．しかし，とりわけプランテーションシステムが採用されていたような旧植民地の農業で用いられる農薬には有毒な化学物質が使われていることがほとんどで，この場合，人体にまで甚大な被害が出てしまう．消費者の健康問題でもあるが，何より生産者の健康問題である．たとえば，バナナの農薬の有毒性は悪名高く，大変悲惨なケースが多数あることが知られている．とりわけ過去のプランテーションシステムが残存している農園にはこのような事例が多い．農薬を使わない有機栽培の場合，農家の側に高度な技術が要求される．フェアトレードでは，多くの場合，そのための技術支援も伴っているのである．

　尚，フェアトレードに関する著名な認証団体（NGO）としては，WFTO や Fairtrade International がよく知られている．Fairtrade International は，ドイツに本部を置く国際組織である．ヨーロッパを中心とする各国のメンバー組織がフェアトレード製品認証や啓発活動などを行う．日本では特定非営利活動法人フェアトレード・ラベル・ジャパンがその役割を担う．WFTO（World Fair Trade Organization）は，アメリカに本部を置く国際組織である．欧米や日本の輸入団体とアジア，アフリカ，中南米の生産者団体が加盟している．日本ではピープル・ツリーとネパリ・バザーロがメンバーとして参加している．WFTO と Fairtrade International の認証マークは，日本のスーパーマーケットで販売されているチョコレートでも，よく見かけるものである．

フェアトレード商品への嗜好

　実際のフェアトレード市場の規模については，たとえば Fairtrade International のホームページ（https://www.fairtrade-jp.org/about_fairtrade/foreign_market.php）を参照されたい．日本の市場の特徴としては，イギリス等の市場と比べると，まだまだ規模が小さいのだが，それでも日本でも毎年順調にフェアトレードの市場は大きくなってきていることがわかる．これはつまり，フェアトレード商品の売り上げが年々伸びているということであり，価格が少々高くても，フェアトレード商品を好む消費者が増えていることを示している．同時に，フェアトレード商品の種類と量，フェアトレード商品を取り扱う企業の数が増えていって，消費者の側がフェアトレード商品を選択できる環境がますます充実していっているということも伴っている．

　消費者がフェアトレード商品を好むということは，消費者がフェアトレードに価値を感じているということである．フェアトレードに価値を感じない人はフェアトレード商品を買わない．ガーナとコートジボワールの児童労働を自分にも関わる問題と理解し，解決のために行動しようとする人間であれば，それを意図したアプローチであるフェアトレードに価値を認め，フェアトレードのチョコレートを好んで購入するはずである．フェアトレード市場は毎年大きくなっていっていることを踏まえると，フェアトレードに価値を感じる消費者の数が，現実として増えてきていることになる．フェアトレード商品の積極的な購入も含め，環境・社会課題への解決に資する商品を積極的に購入しようとする消費行動は，前章でも触れた通り，「エシカル消費」と呼ばれる．近年，エシカル消費による消費量が実際増えてきている．

　そのことはまた，企業側からすれば，フェアトレードに取り組む動機となる．経済的利益（つまり，お金儲け）と社会的利益（環境・社会課題の解決）双方を追求できるビジネスモデルの構築を，経営学の分野では，CSV（Creating Shared Value: 共通価値の創造）と呼ぶ．CSV の定義は，「企業が事業を営む地域社会の経済条件や社会状況を改善しながら，みずからの競争力を高める方針とその実行」（詳しくは Porter, M. and Kramer, R., "Creating Shared Value", *Harvard Business Review*,

Feb., 2011, pp. 1-17を参照のこと）とされる．社会的価値の創出を，経済的価値の創出とトレードオフの関係にするのではなく（つまり，社会的に良いことをしているのだけれども，お金がもうからないという状況），経済的価値の創出のためにうまく活用できているようなビジネスモデルを構築するということである．フェアトレードのチョコレートの場合は，児童労働の撲滅に貢献するという社会的価値を創出することにより，そのような社会的価値を創出しないチョコレートよりも競争優位を獲得できる（つまり，よく売れる）という状況を作り出していくことになる．この場合，この社会的価値を消費者が評価しないと，競争優位を生み出せず，フェアトレードがCSVとして成立しない．したがって，フェアトレードをCSVとして成立しやすい市場環境を構築していくのは，企業ではなく，消費者の行動のほうである．フェアトレード市場の拡大は，企業のフェアトレードがCSVとして成立する環境がどんどん整ってきているということであり，エシカル消費を好む消費者の行動が，企業がフェアトレードに取り組もうとすることを促しているのである．

エシカル消費の根本にある新しい精神文化

　エシカル消費は，これまではあまり一般的ではなかった価値観ないし精神文化の定着を示している．これは価値観の内容というより，価値観の適用範囲に関するものである．児童労働問題に関して言えば，これは人権問題である．人権という価値観は人類社会においてすでにそれなりの年月を経て定着している価値観であり，これ自体には新しいところはない．しかし，この価値観を，国境を越えて適用しようとするところに新しさがある．ウェストファリア体制が成立して以降，われわれの世界は主権国家によって分割されている．国境は，その国の主権が及ぶ範囲を定め，その境を越えると主権は及ばない．このような世界にあっては，国境の外の人間に対する共感や自分たちの倫理観の適用は限定的になりがちである．国境はしばしば，われわれの価値観の適用範囲の境界としても機能しており，たとえば，自国の人権状況が改善されるのであれば，他国の人権状況を犠牲にするのは仕方がないといった形にもなり得る．端的に言えば，「われわれ日本人が安くチョコレートを買えるならば，われわれとは

異なるコミュニティであるガーナとコートジボワールの児童労働問題はどうでもよい」という考え方に傾きやすいということである．このような考え方からはエシカル消費は生じないし，フェアトレード商品の購入を好む消費者も現れない．ということは，チョコレート会社はフェアトレードをすることができない．実際のところ，長らく，企業にとって，社会貢献活動は自社の利益の追求とは対立するために取り組み難く，海外でのものはなおさらであった．

　したがって，従来は，発展途上国での開発支援の主役は，非営利組織であり続けた（今も，そうである）．しかし，非営利組織の場合も，必ずしも国境を越えてわれわれの価値観を適用することに基づく活動にはなり得ていない．その活動資金をODA等で国から得るとなると，その活動は，現地の人権問題の解決に貢献しているからというような説明では正当化できず，必ず「わが国の国益への貢献」という視点から正当化する必要が出てくる．国際協力は，日本人が利益を得るための道具として成り立っていなければならないのだ．この「利益」の解釈の幅で，活動の種類と性質が決まってくるわけだが，いずれにしても，ここにもわれわれの価値観の適用範囲の境界が如実に姿を現している．税金を活動資金源とする場合，その国の境界内の人間たちに利益をもたらすことを第一とする活動方針を取らないといけないし，国益の論理から離れた活動をしたいとすれば，個人からの募金等，民間から活動資金を得るしかない．

　今日の国家は自国民を優先して考えることが宿命づけられている以上，価値観のグローバルな適用に基づく行動を取れるのは，実は民間人しかいない．そして，昨今，このような民間人が取ることが多くなっているアプローチがエシカル消費なのだ．フェアトレードがチョコレート産業のCSVとして成立するためには，自分の倫理観を，国境を越えて地球全体の人間に等しく適用するコスモポリタンな消費者の存在が欠かせない．遠く離れた場所で生活しているガーナやコートジボワールの子供たちにも例外なく人権の価値観を適用するような消費者である．さらに，その問題の解決を他人任せにするのではなく，自らも行動しようとする消費者でもある．このような消費者が取る行動が，エシカル消費なのである．

　エシカル消費は，地球市民の行動原理に基づいており，地球市民の草の根的活動のひとつと見ることもできる．地球市民とは，主権国家体制を否定せずと

も（アナーキストである必要はない），国家を超えたグローバルコミュニティの構成員のひとりでもあるという感覚を持ち，自分が所属しているこのグローバルコミュニティの問題を自分事と捉えて行動する市民性を持ち合わせている人間のことである．エシカル消費をする消費者が，自らの倫理観を地球全体に適用し，さらにその倫理観からして是正すべきと判断する問題を自ら解決しようと行動するということは，地球はひとつのコミュニティであり，自らはそのコミュニティの構成員のひとりである（コミュニティの構成員であるからこそ，コミュニティの問題が解決すべき自分事となるのである），という感覚に基づいている（本人が意識化しているかどうかは別として）．エシカル消費を通じて，消費者は地球市民として行動しているのである．近年のフェアトレード市場の拡大は，地球市民の精神文化がわれわれに浸透してきていることを示している．

　エシカル消費により，われわれは企業を動かし，社会を変える力を行使している．社会参加は決して選挙の時だけではない．われわれの生活すべてが，社会に対してメッセージを発している．われわれの日々の消費活動は，自らが望む社会の在り方についてのメッセージである．あなたが値段を重視して安いチョコレートを買うのであれば，安いチョコレートを望む（そして，それ以外のことはどうでもよいとする）メッセージをあなたは企業に発していることになり，いかに安いチョコレートを生産するかに企業は注力するであろう．フェアトレードのチョコレートを買うのであれば，カカオ農園の児童労働問題を解決すべきとするメッセージをあなたは企業に発していることになり，企業はフェアトレードの質と量を高めていくことになるだろう．われわれの日々の行動は政治的メッセージそのものであるということもエシカル消費は教えてくれるだろう．

第4章　ジェンダー平等の実現に向けて

はじめに

　本章はジェンダーに関する問題について取り上げ，ジェンダー問題に対する
SDGs の認識について多角的に理解を深めることを目指したい．ジェンダー平
等の実現を目指す目標は SDGs にも含まれている．SDGs の目標5は「ジェン
ダー平等を実現しよう：ジェンダー平等を達成し，すべての女性および女児の
能力強化を行う」である．ジェンダー平等に関する目標は MDGs にも存在した．
MDGs の目標3は「ジェンダーの平等の推進と女性の地位向上」であった．
比較してみると，ジェンダー平等の実現をどちらも訴えているところは変わら
ないものの，MDGs のときは「女性の地位向上」であったところが SDGs では
「すべての女性および女児の能力強化を行う」に入れ替わったような印象を受
けるだろう．実のところ，ジェンダー平等に関して，「能力」の視点が入って
いるか否かが，MDGs と SDGs の大きな時代的隔たりを表現していると言って
良い．「能力」の詳細については，後ほど触れることにするが，とりあえずの
理解として，この「能力」は人権と近い意味だと理解すると良い．女性の様々
な人権が高い次元で保証されないことには，ジェンダー平等を達成することは
できないという見方を SDGs は提示しているというわけである．
　先ほどからジェンダーという言葉を使い続けているが，ジェンダーとはいっ
たい何なのか．こちらについて，まずは見ていきたい．ジェンダー（Gender）
は性別を意味する．しかし，英語には同じく性別を意味する Sex という単語
が存在する．この単語と区別するため，片仮名の「ジェンダー」で翻訳される
ことが多い．英語の Sex と Gender では使い分けがある．Sex は生物学的な意
味での性別を意味しているが，Gender は社会的に構築された性別役割を意味
している．生物学的に男性であるということは Sex のほうの議論であるが，「男

らしさ」といったものはそうした生物学的な男性から説明できるものではなく，文化的な所産である．また，たとえば，公衆トイレに来た時に，青色の入り口のほうを男性用トイレ，赤色のほうを女性用とあなたは判断するだろう．この青と赤は生物学的な性別の違いとは何の関係もない．青を男性用とみなし，赤を女性用とみなすのは，そのように教育されたか，メディア等の情報によって身に着けたものである．「青＝男性，赤＝女性」のイメージは場所や時代によっては，実際のところ，この限りではない．このように生まれ持ったものではなく，社会の中で構築された性別役割をジェンダーと言うのである．尚，このように性別役割は社会的に構築されるという見方を最初に示したのは，フランスの哲学者シモーヌ・ド・ボーヴォワールである．彼女の著書『第二の性』の「人は女に生まれるのではない，女になるのだ」(Beauvoir, Simone de, *Le Deuxième Sexe* (1949), tome 2, Paris : Folio Essai, 1986) という有名なフレーズが，ジェンダーおよびフェミニズムの基本的な発想を表現している．女性は，学校教育やメディアを通じて，女性のジェンダー役割を習得していくのである．

持参金という文化

次に，SDGs のターゲット5.3に注目したい．このターゲットは，社会的性役割としてのジェンダーの文化的形成に直結する議論を含んでいる．ターゲット5.3は「未成年者の結婚，早期結婚，強制結婚及び女性器切除など，あらゆる有害な慣行を撤廃する」である．日本においては馴染みのない事柄であるが，特定の文化圏においては，広く見られる．こうした場所では，女性は特定の文化の中の性役割を引き受けていている結果として，早期結婚しなければならないという事態が生じており，また別の文化の中の性役割を引き受けている結果として，女性器切除を経験しなければならないという事情がある．ここでは早期結婚のほうに注目してみたい．早期結婚については，持参金の文化が関係している．結婚の際に妻方の家族から夫方の家族に財産を渡す習慣があり，インドやバングラデシュ，東ヨーロッパに多く見られる文化風習である．実際には金銭であることが多く，この渡される財産を持参財ないし持参金 (dowry) と言う．尚，日本では結納金の文化が存在する．こちらは逆で，結婚の際に，夫

方の両親が妻方の両親に金銭を渡す習慣である．持参金にしても結納金にして
も，個人に対してではなく，「家」に対して金銭を渡すという点では共通点が
ある．「家」を生活の基本単位とする文化がアジアには広く見られるというこ
とではある．

　このとき，結納金の文化の場合は，夫方の家に花嫁を譲ってくれる妻方の家
に対して，感謝するために金銭を渡していることになる．ただし，法律的に家
制度がなくなり，さらに核家族化が進み，「家」という感覚が希薄になった日
本においては，自分たちと同居するわけでもない息子の夫婦のために，妻方の
両親に結納金を渡すのは，夫方の両親側としては納得しづらい状況になってい
る．したがって，結納金の文化は日本ではほぼ廃れている．

　持参金の文化の場合は，花嫁を引き取ってくれる夫方の家に対して妻方の家
が感謝の意を示すために金銭を渡すという考え方になっている．こちらはイン
ド等の，大都市化を経験していない農村でいまだに残存している文化である．
先ほどの結納金文化の花嫁の扱いと比較して，持参金文化の花嫁の扱いを浮か
び上がらせたい．結納金文化においては，花嫁は，夫方の家が妻方の家にお金
を渡さないといけないと考えるほど，貴重な存在という扱いをされている．こ
れはなぜかと言えば，家の存続を重視する文化にあっては，家の存続のために
は後継ぎが不可欠であり，そのためにはどうしても花嫁が必要だからだ．しか
し，それは同時に，花嫁は，子供を産む存在として重要視されているのであり，
したがって女性は，何よりも子供を産むというジェンダー役割を負うことにつ
ながる．近年の人権意識の高まりとともに，一早い子供の出産を求める義父母
に対して，「子供を産む機械」としてしか自分が認識されていないことについて，
花嫁が不満を覚える，といったようなケースが多いことは，われわれが普段の
日本生活の日常会話の中で見聞きすることであろう．結納金文化は，このよう
に花嫁を「子供を産む機械」とみなすことでモノ扱いしていることは間違いな
いが，モノ扱いはモノ扱いでも貴重品扱いする結納金文化に対して，持参金文
化の場合，モノ扱いについては同じでも，負債扱いされている点で，花嫁の置
かれる状況はさらに悪いと言って良い．「花嫁を大事にしてください」という
趣旨により，妻方の家が夫方の家に持参金を渡すということになっている．逆
に言うと，金品を与えておかないと大切にされない，負債扱いになっているの

である．この文化においては，女性は，夫方の家にとっては妻方の家から持参金をもたらす道具と認識される（さらに言うと，持参金をもたらすくらいしか使いようのない道具）．そして，女性の家の人間にとっては，その家が貧しい場合はとりわけ，家に多額の支出をもたらす厄介者として認識されることにつながる．そしてそこに，（これは結納金文化のほうでも共通の事情ではあるのだが）女性の両親からすると，女性は必ず別の家に去っていくので，自分たちの老後の面倒も期待できないという点が加わり，自分たちに対するリターンが期待できない分だけ，ますます負担感だけが高まることにつながる．

持参金文化の帰結

　このような文化が女性にもたらす帰結は極めて深刻である．女の子が産まれることは家の不幸であり，貧しい家庭にあっては，女の子が産まれるや否や殺害するということが横行する．嬰児殺しと呼ばれるものである．それはたとえば，インドで顕著である．生物学的には，出生時の男女比は，何らかの作為がない限りは，ほぼ1：1になるはずである．ところが，インドでは，2021年の政府統計によると，出生時の男女比は男児1000人に対し女児は929人に過ぎない．したがって，インドの農村では今日でもなお，女児の嬰児殺しが隠れて横行していることが推量される．幸いにして嬰児殺しを逃れられたとしても，両親には女子に適切な食事を与えたり，健康に気を配ったり，教育を受けさせたりするインセンティブが存在しにくい（そして教育を受けさせないということは，第3章のガーナとコートジボワールのカカオ農園と同様，児童労働をさせることを意味する）．したがって男児よりも女児のほうが成長の過程に命を落としやすくなる．生物学的には，男子と女子はほぼ同じ割合で生まれても，女子のほうが比較的平均寿命が長くなる分，総じて女性のほうが男性よりも多くなるのが自然である．実際，日本を含めてほとんどの国の人口は，そのようになっている．しかしながら，持参金文化がある国家の現実の人口動態はそうはなっていない．文化にはひとを殺害する力があるものも存在し，持参金文化は確実にそれに該当する．持参金文化の中で「失われた女性たち（missing women）」が存在することに着目し，問題化したのは経済学者アマルティア・センの功績であった（Drèze,

Jean and Sen, Amartya, *Hunger and Public Action*, Oxford: Clarendon Press, 1989を参照のこと）.

　このような様々な困難からも何とか生き延びた女児たちに待っているものが児童婚，早期結婚である．持参金文化には持参金払いから逃れる抜け穴があり，それは子供のうちに女児を結婚させて，夫の家に引き取ってもらう場合である．この場合は妻方の家は持参金を支払う必要がない．そこでとりわけ貧しい家では持参金払いから逃れるために，女児を小さいうちに嫁に出すことになる．児童婚は，持参金文化と貧困が結合して生じる現象である．したがって，持参金文化圏でも貧困地域によく見られる．たとえば，バングラデシュの農村に行けば，12歳で結婚し，14歳で子供を産んだといった女児たちのケースを多数見つけることができる．SDGs のターゲット5.3はこうした状況を問題化しているのである．貧しい家庭であれば，さらには女児を売ってお金にできないか，という発想も出てくる．これが売春目的の人身売買につながっており，インドとバングラデシュではその数が突出していることが知られる．両国とも売春も人身売買も違法であるが，実効性のある取り締まりができていない（ちなみに，持参金もインドでは1961年から違法とされているが，こちらの法律も機能していない）．SDGs のターゲット5.2はこのことを問題にしている．「人身売買や性的，その他の種類の搾取など，すべての女性及び女児に対する，公共・私的空間におけるあらゆる形態の暴力を排除する」とし，売春目的の人身売買に対する問題意識はこのターゲットの中で表明されている．

　ターゲット5.2には人身売買のような「公共空間における暴力」だけではなく，「私的空間における暴力」も問題視している．こちらは，家庭内暴力（DV: Domestic Violence）として知られるものである．こちらも，持参金文化圏では広く見られるものである．例に枚挙の暇がないが，2022年 5 月24日にインド南部ケララ州の裁判所で夫に禁錮10年の判決が言い渡された事例に触れておきたい．これは，ビスマヤ・ナイルという女性が持参金を巡って夫から虐待を受け，自殺したという事件に対する判決だった．法廷文書によると，夫は妻の家族から持参金としてソブリン金貨100枚，土地 1 エーカーと車 1 台を受け取っていた．しかし，車の種類に不満を示し，追加の支払いを要求し，妻に対して暴言と暴力を繰り返したそうである．結果として，妻は結婚 1 年後に虐待を苦に自

殺したのだった．妻の兄弟が CNN に語ったところでは，夫はより大きく高価
な車を要求しており，妻への虐待には SNS を禁止したり，両親に電話をかけ
たりすることを禁止するようなものも含まれていたそうである（CNN，「持参金
めぐり妻を自殺に追い込んだ罪，夫に禁錮10年　インド」，2022年5月25日，https://www.
cnn.co.jp/world/35187985.html，2024年12月8日閲覧）．この判決も持参金の強要に関
連する家庭内暴力を取り締まるための法律が適用されたものであり，この法律
自体は1986年にすでに成立しているものだが，ビスマヤ・ナイルのケースは残
念ながら今日でも稀なものではない．このような法律が存在すること自体，持
参金文化圏では，持参金欲しさに夫が家庭内暴力に走りやすくなる傾向を示し
ているという見方もできる．夫はなぜ怒って妻を虐待したのか．それは，妻が
妻としての役割を果たしていないと彼が考えたからだ．彼が理解する妻の役割
とは，妻方の家族から持参金を引き出すことである．彼にとって，妻は持参金
を引っ張り出すための道具なのであって，人ではない．人ではなく道具・モノ
であればこそ，妻に暴力をふるうことに心理的抵抗がないのである．そして，
夫は決して特殊な人格の持ち主であったわけではない．これは，持参金文化を
生きる女性に負わされる，社会的に構築されたジェンダー役割なのだ．家庭内
暴力にしても，人身売買にしても，女性が独立し，尊重されるに値するひとり
の個人としてみなされない文化に起因するものである．

文化を変える必要性

　ターゲット5.3で言及されている女性性器切除についても簡単に触れておき
たい．女性性器切除の習慣については，サハラ以南アフリカの中部から北部を
中心として，アラビア半島の一部等で見られ，これは女性に対して行われる性
器加工の儀礼である．激しい痛みやショック，大量出血，破傷風等の感染症を
含む合併症，ケロイドの形成，尿道損傷による失禁といった甚大な健康被害が
あることが知られている．女性器切除も，女性に深刻な健康被害を与える有害
な文化である．
　さて，ターゲット5.3およびターゲット5.2の達成に向けて，こうした有害な
文化の廃止が必要になってくる．ただし，このように「有害」とみなすのは，

ひとつの文化の価値観の押し付けであって，別の文化に押し付けるのは良くないとする文化相対主義的な見方はあり得る．それぞれの文化は尊重されるべきという「文化多様性」という考え方があり，SDGsでもターゲット4.7で「文化多様性」に触れている（目標4は教育に関するものである．こちらについては別の章で詳しく取り上げたい）．ただ，ターゲット4.7をよくよく読むと，この「文化多様性」に加えて，「平和及び非暴力的文化の推進」，「文化の持続可能な開発への貢献」という文言も並べられている．総合して考えると，文化多様性は基本的に尊重されるべきものだが，暴力的な文化や持続可能な開発に貢献しない文化は推進されるべきではないと理解すべきである．文化は多種多様で様々なレベルのものがあり，それらはわれわれのものの考え方または価値観に影響を与えている．しかし，その中でも優先順位が高い文化は確実に存在する．人権の文化はそうであろう．特定の文化が実際の何らかの人間の行動につながる場合には，それがもたらす社会的帰結ないし効果について注意する必要がある．それが人権の文化と衝突し，人権の観点から有害であるならば，その文化は守るに値しないと考えるべきである．持参金文化や女性性器切除の文化は明らかにそれに該当する．あなたが実際に，その文化の中で生きなければならない状況に置かれたとしたら，どうだろうか．「そういう文化もあるよね」とだけで済ませられるのは，結局のところ，その文化と距離が取ることができる状態のみであることが理解できるはずだ．対立するような価値観を持つ文化であっても併存できることを前提とする文化相対主義は実際のところ，それぞれの文化間にコミュニケーションがなく，お互いに無視できる状況でしか成り立たない．しかし，コミュニケーションの速度と密度が増すグローバリゼーションが進むこの世界にあっては，非現実的な想定である．

　ここで，守らなくても良い，むしろ捨て去るべき文化・伝統について，指針を提案する社会学者アミタイ・エツィオーニの議論に触れておきたい．彼はそれぞれのコミュニティの持つ価値観が尊重されるべきという主張を持つコミュニタリアンである．しかしながら，コミュニティで受け継がれてきた文化価値観をそのまま受け継ぐべきだという主張はしない．考え方として，それぞれの文化が尊重されるためには，それぞれの文化が他の文化を尊重するものである必要がある．自分の文化が他の文化を尊重しないということは，逆に言うと，

自分の文化が他の文化から尊重されることが期待できないことになるからである．したがって，自身の文化の価値観を他の文化でも許容可能そうであるかどうかというテストをし，許容可能であれば維持すべきとなるが，他の文化に対して攻撃的な価値観を有していると判断される場合は維持せず，自ら廃止していくべきだとエツィオーニは主張する．文化多様性は，それぞれの文化の価値観が他の文化の価値観に対して攻撃的でない場合にしか，実のところ成立しないということである（Etzioni, Amitai, *The New Golden Rule: Community and Morality in a Democratic Society*, New York: Basic Books, 1998）．この観点に立つと，持参金文化や女性性器切除の文化は，人権の文化をはじめとして許容できない文化が他に多くあるために，廃止されるべきだという判断になる．

　さらに付言しておくと，本来的に文化というのは可変的で，そのコミュニティの内外とのコミュニケーションを通じて，実際に常に変わっていくものである．たとえば，毎年毎年，新しい外来語や新しい言葉遣いが増え続ける日本語というわれわれの言語を思い出されたい．このように可変的であるはずの文化に対して，伝統的で不変なものと主張する言説は常に，その文化がそのまま維持されることによって，何かしらの利益（それは経済的利益であったり政治的利益であったりする）が得られる人間たちの都合でなされるものであるという批判的視点（ここでの批判とは非難ではなく，当たり前のものと思わずしっかり吟味するというカント的な意味）を持つことが必要である．

　さらにもう一点付言すると，文化多様性の尊重は，SDGs のモットーである「誰一人取り残さない」が根本にあるべきである．すなわち，多様な文化的バックグラウンドをもつそれぞれの個人の尊重が，文化多様性の尊重の根幹の議論であるべきで，個人が所属する文化コミュニティの尊重であるべきではないということである．われわれが意識すべきことは，個人がその文化の中で生きているからと言って，その文化を肯定しているとは限らないということである．たとえば，日本には同調圧力が強い文化があり，われわれは大多数と同じように考えて行動を強いられることが多い．たしかに，われわれはそのような文化を生きている．しかし，そのような文化をわれわれが肯定しているかというと，それは話が別だろう．したがって，外部の人間が，ある文化を肯定することは，その文化の中で生きる人間たちを苦しめる可能性すらあることに，われわれは

常に注意深くあるべきである．あなたが日本人だから，あなたが大切ということではない．あなたはあなただから大切だ．あなたという人間を尊重するために，あなたの文化的バックグラウンドを理解するように努めよう．文化多様性の尊重は，このようにあるべきである．

個人の能力強化の必要性

　虐待文化があるような社会にわれわれが生きているとすれば，社会を変えていくためにはわれわれは声を上げて，態度を示す必要がある．社会問題の根本的な解決には，社会を変えるしかない．ただし，実際に社会が変わるのには時間がかかる．数年で変わることもあれば，数十年，数百年かかることもある（たとえば，奴隷解放の歴史は1730年代にアメリカ合衆国のフィラデルフィアで奴隷廃止運動を始めたクエーカー教徒であるベンジャミン・レイにまで遡る．そこから数々の勇敢な人間たちが登場し，各国での実現には時差がありながらも，第二次世界大戦後，世界全体で奴隷解放が完全に実現されていったことを思い出されたい）．しかしながら，われわれ個人としては一日一日を生きて伸びていく必要があり，数年すらも待っていられない．したがって，社会を変えるという大局観は持ちつつも，それとは別に，変わらない社会の中で，応急処置的な対応ではあってもそれをして，個人の生活を切り抜けていく必要がある．虐待を受けている女性は，虐待なき社会の到来を訴えつつも，法律や政策がいつ変わるかはわからないので，それを待たずに，個人のための行動をすべきである．当座は家庭内暴力から自分の身を守るためにその家庭から逃げ出すことを優先すべきである．そのためには職を得て，経済的自立を獲得できる必要がある．しかしながら，持参金文化圏の女性たちには，そのための「能力」が欠けていることが多い．先ほども触れた通り，女児はいずれ家から出ていく存在であるため，両親が教育を受けさせようとしない．したがって，女性は教育を受けたことがなく，識字能力（読み書き能力）に欠けている．識字能力がなければ，児童労働の章でも触れた通り，家庭の外で職を求めることができない（このような社会のあり方を変えるための政治参加もできない）．能力の観点に目を向けると，女性に，家庭内暴力から逃げる能力が備わっておらず，自分で自分の人生を設計できない状況に置かれていることが明らかにな

る．実のところ，MDGs と比較して，SDGs の目標 5 に「能力強化」の文言が加わっているのは，こうした観点が一般的に認知されるようになったからである．この点について，アマルティア・センと哲学者マーサ・ヌスバウムらが提唱する「ケイパビリティ・アプローチ」の功績は大きく，女性の自立のための能力の獲得の支援をすることが，国際開発支援活動のひとつの大きな指針になってきている．

　持続可能な開発の章でも触れた通り，持続可能な開発の考え方が登場して以降，国際開発支援では，支援先の国の貧困撲滅につながる経済成長を促進させていくという考え方が取られるようになっている．しかし，このような経済成長が成功したにしても，解決しない問題があることを主張しているのがケイパビリティ・アプローチである．それは能力の問題である．ケイパビリティという概念でセンが問うているのは，人びとが，実際に何ができるかということである (Sen, Amartya, *Development as Freedom*, Oxford: Oxford University Press, 1999).すでに GDP や GNI が先進国の水準にまで到達している2022年のインドにおいても，持参金強要による家庭内暴力から逃れるための能力を持たず，自殺に追い込まれる女性がいることを考えれば，経済成長と個人の能力は別物であることがわかるだろう．そして自分自身の人生を自分の目的に従って設計するのに必要となる能力がそれぞれの人間のうちにあることが不可欠であるということは，どのような文化ないし仕組みの社会の中であっても変わらない，普遍的なことである．SDGs は，女性の能力強化を主張しており，経済成長だけではなく，個人の能力強化の観点も導入している．SDGs の中核的コンセプトである「誰一人取り残さない（Leave No One Behind: LNOB）」をどのような文化ないし制度の社会においても実現しようとするなら，個人個人の能力強化は実際，欠かせない．

中絶に関する日本の状況の事例

　女性の能力強化の必要性は日本でも変わらない．ヌスバウムがケイパビリティのリストの中に「生殖に関する事項の選択の機会を持つこと」という形でリプロダクティブライツを入れているが (Nussbaum, Martha C., *Women and*

Human Development: The Capabilities Approach, Cambridge: Cambridge University Press, 2000），そのリプロダクティブライツ（生殖に関する権利）に関する日本の現状の事例をひとつ取り上げたい．2021年5月に名古屋地裁岡崎支部より有罪判決を言い渡された愛知県西尾市の元看護学生（21）の事例である．彼女は通学途中に出血を感じ，公園のトイレに入り，男児を出産した．彼女の証言では，男児はその時点で死亡していたと言う．そして，男児をポリ袋に入れて，公園の植え込みに捨てた．裁判では，男児の遺棄について有罪判決が出たのだった．彼女は裁判で，相手男性から中絶の同意書にサインが得られず，中絶手術を受けられなかったと証言している．彼女は妊娠がわかってすぐに，男児の父親にあたる小学校の同級生にSNSで連絡し，2人で中絶すると決めた．彼は，医師から求められた中絶の同意書にサインすることも約束した．しかし，その後，彼は友人から中絶費を求められるのではないかと言われ，連絡を絶ったという．元看護学生は同意書にサインがもらえず，予約した手術を2回キャンセルすることになった．別の複数の病院に同意書なしで手術できないかを問い合わせたが，受け付けてもらえず，中絶が許される期間（すなわち妊娠21週6日目まで）を過ぎてしまい，望まぬ出産に挑むことになってしまったのだった．裁判所はこうした事情を勘案し，有罪判決ではあるものの，執行猶予付きの判決を下した．懲役3年執行猶予5年とされた．執行猶予5年ということはつまり，5年間刑事事件を起こさずに無事に経過できた場合は，懲役刑を免除するということである（山本知佳・阿久沢悦子，「『相手の同意得られない…』苦悩する妊婦，中絶の実態は」，朝日新聞デジタル，2021年6月13日，https://www.asahi.com/articles/ASP6B74N8P63OIPE002.html，2024年12月8日閲覧）．

　日本において，合法的な中絶の根拠を与えているのは母体保護法である．母体保護法には，中絶する際にはパートナーの同意が必要とする旨が記載されている．病院側がパートナーの同意書を求めてくるのは，そのためである．しかし，そのパートナーは夫であり結婚相手のことを指す．したがって，未婚女性は法的には同意書は必要なく，自分の意志だけで中絶できる．今回の元看護学生は未婚女性である．したがって，彼女は病院側から法的に根拠のない同意書を要求され続け，その要求に応えられず，中絶できなかったことになる．

　したがって，彼女は，中絶するために必要な「能力」に欠けていたのである．

その「能力」とはすなわち，中絶に関する情報へのアクセスである．中絶に関する情報とは具体的にはまず，母体保護法は未婚女性にパートナーの同意を要求していないという法的知識である．さらに，法的に根拠がないにもかかわらず，未婚女性にも同意書を求めてくる病院が多いという習慣に対する知識と，だからこそ，そうした事態への対応を支援してくれる支援団体が存在しているという知識である．法的知識があれば，不当に同意書を求めてくる病院側と戦うことができるし，それが難しかったり，または個人の力ではうまく打開できなかったりすれば，支援団体の力を借りて，確実に病院側の態度を変えることができる．これが日本において，未婚女性が中絶する「能力」を持つということである．尚，日本の義務教育は，先進国の中では珍しく，法律の学習をほとんど含んでおらず，結果として，日本人には自分の国の法律に関する知識が欠けていることが多い．したがって，政治参加も含めて，法律に関係する「能力」一般について，日本人は弱いことが多い．

母体保護法の問題

　ここから，個人のレベルから，中絶に関する母体保護法の性質について振り返りたい．先述の通り，妊娠した女性は妊娠21週6日目まで中絶が可能である．ただし，既婚女性の場合は夫の同意が必要である．以上が，母体保護法の中絶に関わる内容となるが，中絶可能期間について付言しておくと，実は妊娠21週6日目というのは母体保護法には書かれていない．「胎児が，母体外において生命を保続することのできない時期」としか書かれていない．この文言を医者たちが妊娠21週6日目を指していると解釈しているだけのことである．実のところ，この時期は何を指しているかというと，早産で未熟児として生まれた場合に，人工呼吸器と人口保育器の活用を前提に，生存可能性が飛躍的に高まるのが妊娠22週以降だからという，医療技術に基づく見解に基づいている．日本女性のケイパビリティの制約にかかわることが，立法機関の立法によってではなく，医者たちの見解によって，あるいはそれに基づく行政機関（厚生労働省）の見解によって決められているという現状が日本にはある．ただしこのような見解は，決して説得力を欠いているわけではない．早産として未熟児として生

まれた場合としても，生まれた時点でその子供にはすでに，ひとりの独立した人格として人権があり，生存権があるとみなされる．それは，嬰児殺しが殺人罪の一種として取り扱われることから，法的に自然と推量できることである．しかし，この条文だけを素直に読むと，技術的観点のものとは別の解釈も本来は可能であるはずだ．たとえば，胎児が自力で呼吸できるようになるかどうかを基準にすることも解釈的にはあり得る話である．このように，中絶可能期間に関する母体保護法の解釈には恣意性があることが指摘できる．

　さらに，医療技術は進歩し続けており，技術を前提とした生存可能性を基準にすると，この時期がどんどん早まっていく可能性もある．プラスチック製の人工子宮でヒツジの胎児を正常に発育させることに研究者たちは2017年にすでに成功させている（松岡由希子，「プラスチック製『人工子宮』でヒツジの赤ちゃんが正常に発育」，ニューズウィーク日本版，2017年4月28日，https://www.newsweekjapan.jp/stories/world/2017/04/post-7517.php，2024年12月8日閲覧）．この技術がヒトにも応用可能になってくると，妊娠22週以前の未熟児の生存可能性も飛躍的に高まるだろう．技術がさらに進歩すれば，受精卵の段階から胎児は母体外で生存可能ということになってしまうという未来がやってくるのかもしれない．ここまで来ると，中絶可能な期間がもはやなくなってしまう．技術の発展が，女性のケイパビリティをさらに損なわせていくことになるということである（1991年1月以前は，中絶可能期間は妊娠24週未満だったので，技術の発展にはすでに中絶可能期間を短くした実績がある）．著者としては，技術的な生存可能性を根拠にするのではなく，どの時期から胎児にひとりの独立した人格を認めるべきかという観点から中絶可能期間に関する法改正が議論され，改正された母体保護法には中絶可能期間の明確な数字が示されることを望む．その際，科学者任せの議論にせず，国民的な議論がなされるべきであることも併せて主張したい．

　既婚女性は夫からの同意がない限り，中絶をすることができない．これは女性の中絶の権利に対する大きな制約として機能し得る．結婚には様々な状況が考えられる．たとえば，家庭内暴力（DV）から逃れて別居生活に入り，双方の弁護士を通じて離婚協議に入っている最中，妊娠が発覚するというケースを想定してみよう．男性の側に養育費の支払い能力が期待できない，またはとにかく離婚することを優先しているので，自らの経済力では子育てが不可能と想定

されるということになると，中絶を考えることになるだろう．しかし，法律に従うと，このような状況にあっても，中絶には夫からの同意が必要なのである．直接会いに行けばDVを受ける可能性もあるし，またはハラスメントの一環で，または離婚交渉の駆け引きとして中絶に同意しないリスクもある．DVを受ける等，婚姻関係が実質的に破綻している状況の場合には，夫からの同意は不要という見解を厚生労働省は2021年3月に提示してはいる．しかし，母体保護法の条文には，そのような例外適用に関する記述はない．女性が厚生労働省の言う通りにしたとして，手術した病院を相手取ってDV夫が損害賠償を訴えた場合，どのような判決が出るのかは，まだ例が1件しかないので（2021年12月5日の福岡高裁那覇支部の判決では，医師の判断は適法とされた（「配偶者同意なしの中絶『医師に過失なし』 福岡高裁支部，控訴を棄却」，毎日新聞，2021年12月5日，https://mainichi.jp/articles/20221205/k00/00m/040/150000c，2024年12月8日閲覧），何とも言えないところである．結婚の状況については，他にも色々なケースが存在する．結婚相手の同意というのは，日本の女性の中絶の権利に対する大きな制約である．端的に言えば，自分の身体に対する女性の自己決定権に対する侵害である．

　ここで，男性の読者から，女性だけで中絶に関する意思決定ができるようにすると，自分の子供に対する男性の側の権利，親権や養育権に対する侵害になるのではないか，男性の人権に対する配慮はないのか，という意見が出てくるかもしれない．これについては，明確に反論しておく．先ほど触れた通り，母体の中にいる胎児は，独立した人格とはみなされない．だからこそ，中絶をしても嬰児殺しとはみなされないのである．独立した人格とみなされないということは，その段階の胎児は，まだ女性の体の一部として認識されることになる．したがって，女性の自己決定の範囲内であることになり，また，女性の体の一部でしかない胎児に対しては親権や養育権は適用できない．したがって，中絶に関して男性側の権利を主張するのは不適当である．

　実際，夫の同意を中絶に必要とするようにしたのは，人権の観点からではないことは，母体保護法の歴史を見ればわかる．この要件は，家制度の発想の名残である．母体保護法は元々優生保護法という名で1948年に成立したものであるが（「母体保護法」に名前を改めたのは1996年のことである），この法の前身には，1940年成立の国民優生法があった．国民優生法の時代の中絶に関する規定は，

配偶者の同意，または本人が25歳以下の場合は，その家の父母の同意が要件となっている．これは明らかに家として意思決定をすることを前提にした要件である．これが1948年の優生保護法になったときに，本人が25歳以下の場合は，その父母の同意が必要という要件を削った結果，配偶者の同意だけが残ったという具合である．尚，法案の名前からして，日本の中絶は，優生思想と結びついて合法化されてきたという歴史があり，中絶を合法化する根拠は，障害を持った子供や遺伝疾患を持った子供を増やさないために必要なアプローチであるというものだった．1996年の名称変更に伴い，削られた内容であるが，優生保護法には断種・不妊手術に関する規定も含まれていた．この手術を本人の了解なく受けさせられた被害者たちが，近年，国を訴えており，勝訴判決が続いていることはわれわれの記憶にも新しいところだろう（以上の経緯については，たとえば，以下の文献が参考になる．三ッ林裕巳，山田宏，『旧優生保護法に基づく優生手術等を受けた者に対する一時金の支給等に関する法律第21条に基づく調査報告書』，衆議院厚生労働委員会・参議院厚生労働委員会，2023）．

　そもそもの議論として，上で挙げた事例のように病院側が，なぜ，未婚女性の中絶手術を断れるのだろうか．これは結局のところ，母体保護法がそれを許容しているからだ．この法律の法文をよくよく読むと，主語は女性ではなく医者になっている．すなわち，この法律が保障しているのは，中絶手術をする医者の権利である．夫から同意を得られていない既婚女性の中絶手術を医者はすることができない．夫から同意を得られた既婚女性に対して，あるいは未婚女性に対して中絶手術を医者はすることができるが，それは，「しなければならない」ということではない．中絶手術をしなくても医者が罰せられることはない．最初に挙げたケースのように，未婚女性に対して，パートナーの同意を医者が要求したとしても，違法とは言えないのである．仮に，中絶が女性の権利として法律で定められていたとすれば，医者が中絶手術を拒否すれば，医者が女性の権利を侵害していることになる．その場合は，医者が違法性を問われることになるだろう．

　SDGsのターゲット5.7は「国際人口・開発会議（ICPD）の行動計画及び北京行動綱領，並びにこれらの検証会議の成果文書に従い，性と生殖に関する健康及び権利への普遍的アクセスを確保する」である．このターゲットでは，生殖

に関する権利あるいはリプロダクティブライツ（reproductive rights）を推進している．子供を産みたいときに産み，産みたくないときには産まなくて良いという，産む自由と産まない自由の双方を含んだ権利である．この権利が侵害されている状況とは，子供を持ちたいのに子供が産めないという状況であり，あるいは，子供を持ちたくないのに子供を持たされるという状況である．この権利には，性教育，性感染症の知識，環境汚染の防止，強制断種の防止，性暴力の防止等，様々な要素が含まれてくるが，中絶の権利は産まない自由を保障する上で重要であり，リプロダクティブライツを構成する重要なパーツである．したがって，日本におけるターゲット5.7の達成状況は低い水準にあることになる．母体保護法の改正の議論がいち早く始まることが期待される．

労働とジェンダー

最後に労働の観点について見ておきたい．日本においては，家事・子育て・介護は女性の仕事とされているが，このような女性のジェンダー役割は主に高度経済成長期に確立したものである．明治時代から都市圏を中心にだんだんと浸透していったが，戦後の高度成長期にそれが加速化し，夫が外で働き，妻が専業主婦として家事をするという生活形態が定着するに至った．このときに家事・子育てはすべて女の仕事とされるようになったのだった．それ以前の生活となると，ほとんどの人間は百姓であって，共働きであった．家族は皆，畑は自分の土地なので，外に働きに行くことはなく家にいて，子育ても教育も，夫・妻・祖父・祖母の四人体制であるのが普通であった．高度経済成長期は，夫のひとりの収入で家族全員の支出を賄うのが可能な程，収入が良かったので，専業主婦が可能であった．しかし，今日では共働きをせざるを得ない家庭がほとんどである．双方とも家にいないにもかかわらず，高度成長期に確立された専業主婦としての女性のジェンダー役割のほうは変わらず，家事その他は依然として女性の仕事とされることが多い．ただし，実はこうしたジェンダー役割は産業構造と結びついて変化しているので，日本に限らず，工業化と都市化を経験した先進国でおおよそ同じような展開を辿っている．

SDGs はこの状況に対して，以下のようなターゲットを設定している（ターゲッ

ト5.4)．「公共のサービス，インフラ及び社会保障政策の提供，並びに各国の状況に応じた世帯・家族内における責任分担を通じて，無報酬の育児・介護や家事労働を認識・評価する」．これにはふたつの要素がある．まずは，女性に家事・育児のすべてを押し付けるのではなく，男性も分担を引き受けるべきだというものである．さらに，もうひとつの要素がある．それは家事その他の負担を減らすために公共のサービス，インフラ及び社会保障政策の提供に国は取り組む必要があるというものである．いくら男女が平等に家事・育児の負担を分担したとしても，その仕事の総量が多ければ，結局のところ，家事・育児に費やす時間がなかなか減らない．したがって，男性側への分担の議論だけではなく，国も積極的な負担軽減政策を取るべきだとSDGsは主張しているのである．この点について，先進国の中でも日本は特に，こうした公共サービスに対して伝統的にお金を使ってこず，それは裏返すと，それぞれの世帯がそれだけ育児・介護・家事労働の負担を引き受けざるを得ない状況に置かれていると言える（育児について，たとえばフランスでは経済的負担・時間的負担・精神的負担をどれだけ国の側が引き受けているかは，髙崎順子『フランスはどう少子化を克服したか』（新潮新書，2016）に詳しい）．この点に関して，地方自治体がかろうじて対応しているのが現状である．この本の読者で子育てをすることになった場合には，ぜひそれぞれの地方自治体の子育て支援サービスを比較してみて欲しい．それぞれの地方公共団体が提供するサービスには違いがあることに気づくだろう．賃貸で生活する世帯であれば，育児サービスの質が高い地方公共団体のところに引っ越しすることも検討してよいだろう．一例を挙げるなら，千葉県流山市はおすすめである（大西康之『流山がすごい』（新潮新書，2022）を参照のこと）．

　育児・介護を自分自身が引き受けざるを得ないとなると，それに合わせて仕事を選ばざるを得なくなる．ということは，責任が発生する仕事は引き受けづらくなるので，一般的に言って，パートタイムといった非正規雇用の労働形態が望ましいということになる．したがって，育児・介護を引き受けるのは女性とする習慣と，女性の低収入は密接に関係している．日本の女性労働力率の特徴としてよく指摘されるのは，20歳代後半から30歳代で低下して，40歳代から再び上昇するM字型曲線を描くというものである．つまり，子育ての期間は仕事を辞めざるを得ない女性が圧倒的に多い状況を示している．こうした状況

は近年では改善されてきているが，それでも国際比較をした場合，日本のM字型曲線の特徴はいまだ顕著である．そして，女性の非正規雇用者の数が増え続けているのは，ここ30年の傾向である（ただし，非正規女性の占める割合が高い飲食業や小売業がコロナの打撃を受け，コロナ禍は減少に転じたりするようなことも起きた）．非正規労働者が管理職になることはない．したがって，管理職の女性割合が，国際比較では相当低いという状況が生まれる．したがって，日本はSDGsのターゲット5.5「政治，経済，公共分野でのあらゆるレベルの意思決定において，完全かつ効果的な女性の参画及び平等なリーダーシップの機会を確保する」の達成度も低い．そして，このターゲットの達成は，明らかにターゲット5.4の達成と連動している．育児・介護・家事労働といった無償労働（アンペイド・ワーク）を家庭の外にアウトソーシングできる社会的な仕組みをいかに国が構築するかということが今，問われている．

第5章　エネルギーから見る環境問題

蒸気機関の世界

　すでに触れてきた通り，われわれが生きる工業化社会および大量生産大量消費社会はエネルギーを大量に必要とする．そのため，そのエネルギーを作り出すために大量の自然資源（主に化石燃料）を必要とされる．そして，エネルギーを作り出す際に，廃棄物が発生してしまう．問題は二点あり，ひとつは，自然資源には限りがあること，もうひとつは，その資源を活用する段階で廃棄物が出る（たとえば，化石燃料を燃やせば，二酸化炭素という廃棄物が生じる）ということである．

　日常用語として使われているエネルギーという言葉は，暗に電気エネルギーを指している場面が多い．しかし，高校で物理を選択した人は記憶にあると思うが，物理学においては，エネルギーには様々な形態があることが知られている．運動エネルギーや，位置エネルギー，熱エネルギー，電気エネルギー，原子エネルギー等々である．実のところ，産業革命をもたらし，今日の工業化社会をもたらすきっかけとなった蒸気機関は，熱エネルギーを運動エネルギーに変換する仕組みであると言える．運動エネルギーが得られるということは，何かに動きを与えることができるということであり，これをうまく活用する仕組みを作ると，人間の代わりに機械に作業をさせることが可能になる．産業革命に際して大きな役割を果たしたのはワットの蒸気機関である．これは，シリンダーの両側からタイミングよく蒸気を吹き付けてピストンを上下運動させ，そのピストンにクランクをつなげておくことで回転運動に変換する仕組みになっている．したがって，ワットの蒸気機関から得られる運動は回転運動である．これは，人間の代わりにくるくる回す作業を機械にさせることが可能になるということである．そこで，人間の手でくるくる回すことで糸を紡ぐしくみであっ

た紡績機（この手動型の紡績機は「ジェニー紡績機」と呼ばれるものだった）に，ワットの蒸気機関をつなぐと，勝手に糸を紡いでくれる機械が完成するわけである．これが，イギリスで生じた産業革命の最初の一歩だった．回転運動は応用性が高く，たとえば回転する部分を車輪にすれば，蒸気機関車となり，人間やモノを運ぶ機械となる．蒸気機関からさらにパワーを強くしたいという方向性で開発されたのがエンジンである．蒸気機関の場合は，シリンダーの外で水を温めて，水蒸気をシリンダーの中に噴きつけてピストンを動かす仕組みだったのに対し（それゆえ「外燃機関」とも呼ばれる），シリンダーの中に直接，気体状にした燃料を吹き付けて点火して得られる爆発の力を利用してピストンを動かすのがエンジンである（それゆえ，「内燃機関」とも呼ばれる）．爆発とは，急激な温度上昇により空気が急膨張する現象であるが，爆発のほうが水蒸気より強い力が得られるというわけである．したがって，今日の自動車や飛行機等でエンジンが採用されており，こちらをわれわれは日々見かけることが多い．とは言え，熱エネルギーを運動エネルギーに変換するという根本的なところは，エンジンは蒸気機関と何ら変わらない．

電気エネルギーへの変換

運動エネルギーは電気エネルギーに変換することも可能である．高校で物理を選択したひとは，電磁誘導の法則というものを覚えていることだろう．要は，電気が流れる素材（たとえば銅）の導線をぐるぐる巻きにしたコイルと，磁石さえあれば，運動エネルギーを電気エネルギーに変換できるというのが，この法則が言わんとしていることである．磁石に対してコイルを動かすか，コイルに対して磁石を動かすかすれば，導線に電気が流れるのである．この電気エネルギーは，遠くまで運ぶのが簡単であり（日本各地に張り巡らされた電線を使う），他の形態のエネルギーに変換しやすいので便利である．電磁誘導の法則はまた，磁石の傍にあるコイルに電気を流すとコイルは動くということも言っている．これはつまり，今度は電気エネルギーが運動エネルギーに変換されるということである．また，電気抵抗が高い導線に電気を流すと，その導線は熱くなる．これはつまり，電気エネルギーが熱エネルギーに変換されるということである

（そして，暖房等の器具に活用される）．さらに，いかなる物質も例外なく，とんでもなく高温な状態になると光るので（そして，その温度の違いが光の色の違いになって現れるということは，中学の理科で炎色反応を学ぶときに知ることである），電気エネルギーは熱エネルギーへの変換から，さらに光エネルギーにも変換可能ということになる（電球は光っているだけではなく，発熱もしていることを思い出されたい）．また，運動エネルギーは，振動板を用いて，空気をふるわせることで，音を作り出すことができる（スピーカーの原理）．運動エネルギーは音エネルギーにも変換可能なのである．電気エネルギーを別のエネルギーの形態に変換する仕組みの機械にわれわれは囲まれて，生活を送っている．

　原理的には，蒸気機関にコイルと磁石を付けると，発電できるようになる．これが火力発電の仕組みである．火力発電は熱エネルギーから運動エネルギーを得て，それから磁石とコイルを使って電気エネルギーに変換している．ただし，運動エネルギーを得る際，ワットの蒸気機関のようにシリンダー内のピストンに蒸気を吹き付けるのではなく，羽根車（タービン）に吹き付けるようにして，羽根車をくるくる回すことで回転運動を得ている．さらに，その羽根車には巨大磁石が付けられていて，羽根車が回ると，巨大磁石が連動してぐるぐる回る．そして傍にコイルを設置しておけば，電気が流れるという具合である．そして，最初の熱エネルギーは石油なり天然ガスといった化石燃料を燃やすことで得て，それで水を沸かし，そして発生する水蒸気を羽根車に噴きつけるのである．実のところ，火力発電は，蒸気機関の発明と，電磁誘導に関する知識が揃えば，必然的に生まれてくる技術である．

　磁石付きの羽根車をくるくる回して発電する方式は，様々な発電で活用されている．火力発電の仕組みをそのまま，単純に燃料を化石燃料ではなくウランやプルトニウムにして，それらの核分裂反応から発生する熱を利用してお湯を沸かすのが原子力発電である．化石燃料の代わりに木を燃やしてお湯を沸かすのがバイオマス発電である．燃料がなく，お湯を沸かさない発電方式としては，風の力を利用して羽根車をくるくる回すのが風力発電であり，水が上から下に動く力を利用して羽根車を回すのが水力発電である．尚，太陽光発電は，こうした羽根車を使った発電とは原理的に完全に別物で，こちらは，アインシュタインが理論づけした（そして彼がノーベル物理学賞を受賞する理由となった）ことで有

名な光電効果という物理現象を用いて，光エネルギーを電気エネルギーに変換している．尚，原子力発電に用いられる核分裂反応を理論づけしたのもアインシュタインである（かの有名なアインシュタイン方程式は，質量がエネルギーに転換され得ることを示しており，核分裂反応とは，その過程で質量が欠損し，その分が莫大な熱エネルギーに転換される反応である）．

再生可能エネルギー

　さて，最初に挙げたふたつの問題である資源の有限性と廃棄物の観点から，上に挙げた発電方式を整理したい．資源の有限性という観点からすると，化石燃料を用いる火力発電とウランを用いる原子力発電には資源の有限性の問題がある．すなわち，こうした燃料は数限りある資源であって，使い続けると枯渇するので，いずれは続けることが不可能になる発電方式であるということになる．それに対して，燃料を用いない太陽光発電，水力発電，風力発電には資源の有限性の問題がなく，永続的に続けられる発電方式である．燃料を用いるものでも，木の場合は，木は切っても，また新しい木を植えて育てることができるので，バイオマス発電も永続的に続けられる発電方式である．このように，資源の有限性の問題がなく，永続的に続けられる発電方式によって得られるエネルギーのことを「再生可能エネルギー」（renewable energy）という．このカテゴリーには他に，地熱発電や太陽熱発電も入る．火力発電や原子力発電はしたがって「再生不可能エネルギー」であり，いずれはなくなることが運命づけられている．それはすなわち，人類社会の安定した電力供給に対して，長期にわたる貢献はできないエネルギーということを意味している．逆に言うと，再生可能エネルギーの意義とはすなわち，機械とエネルギーに依存している今のわれわれの生活様式を維持することに永続的に貢献してくれるということである．

クリーンエネルギー

　廃棄物の観点には，クリーンエネルギーが該当する．環境負荷が小さいエネ

ルギー全般をクリーンエネルギーと呼ぶ．環境負荷とは環境に負の影響を与えるということであるが，具体的には，気候変動をもたらしたり，大気汚染をもたらしたり，海洋汚染をもたらしたり，水質汚染をもたらしたり，土壌汚染をもたらしたり，生物多様性を危機に追いやったり，資源の枯渇を招くものは，環境負荷が高いとされる．その中でも，資源の枯渇という観点からすると，再生不可能エネルギーは同時にクリーンエネルギーではないということになる．ただし，人間の生活に直接的に負の影響を与えるのは，資源枯渇以外の観点のほうなので，環境負荷においては，資源枯渇以外の観点，すなわち，気候変動，大気汚染，海洋汚染，水質汚染，土壌汚染，生物多様性の危機のほうを基本と考えたほうが良いだろう．さて，その環境負荷の原因は必ずしも廃棄物だけに限定されないのだが，廃棄物が主要因であることは間違いない．廃棄物を軸にして考えると，廃棄物が環境に負の影響を与えないものは「クリーンエネルギー（きれいなエネルギー）」（clean energy）に該当し，廃棄物が環境に負の影響を与えるものは「ダーティエネルギー（汚いエネルギー）」（dirty energy）に該当する．まず有害な廃棄物が発生しないのは，風力発電，水力発電，太陽光発電である．これはクリーンエネルギーあるいはきれいなエネルギーである．

　火力発電について触れておくと，廃棄物は二酸化炭素である．二酸化炭素は，現在の地球の大気にも含まれているありふれたものであって，人体に対する直接的な被害はないものの（二酸化炭素だけの空気を吸った場合は人体に有害であるが），地球温暖化による気候変動という，われわれの生存環境を変えてしまう極めて有害な問題を引き起こす（地球温暖化については，後ほど改めて触れる）．したがって，火力発電は汚いエネルギーである．さらに，これは化石燃料に限らず，地中に埋蔵されている資源を採掘する際一般に当てはまることであるが，採掘過程で排出される化学物質によって土壌汚染，地下水の水質汚染，大気汚染が生じ（これは「鉱害」と呼ばれるものである），近隣住民の健康被害および生物多様性の危機をもたらしている．尚，ここでは電気の話を中心にしているが，エネルギーの形態は多様であることを先に説明した通りであって，エネルギーは何も電気に限らない．化石燃料を燃やすことで蒸気機関やエンジンが取り出している運動エネルギーもまた，汚いエネルギーである．

　バイオマス発電の燃料は基本的に木であり，廃棄物は火力発電と同様，二酸

化炭素である．にもかかわらず，バイオマス発電はクリーンエネルギーとされる．ここには「カーボンニュートラル」という観点が適用されている．すなわち，木は光合成により，大気中の二酸化炭素から炭素を取り出し，自分の体の要素にしている．つまり，木の大きさはそのまま，その木が吸着し，自らのうちに固定化した大気中の二酸化炭素の量に他ならない．したがって，発電の際，木を燃やせば，二酸化炭素が発生するが，それはその木が生まれてから切られ燃やされるまでに光合成によって吸着した二酸化炭素の量と同じはずである．木の一生全体で考えれば，二酸化炭素の排出量はプラスマイナスゼロだ，というのがカーボンニュートラルの考え方であり，この考え方によれば，バイオマス発電には，燃やした木が光合成して吸着した二酸化炭素の量を差し引けば，トータルとして廃棄物が存在しない．したがって，バイオマス発電はクリーンエネルギーとされる．

　ただし，著者としては，このカーボンニュートラルのロジックについて，さほど納得していないことを付言しておく．一本の木の一生に着目した発想がそもそも妥当ではないと考えている．著者としては，一本の木ではなく，地球全体の森林をひとつとみなして，地球全体の森林のCO_2吸収量のほうに基づいて考えたほうが，実際の廃棄物をゼロにするという観点からは正しいと考えている．バイオマス発電のために木を伐採し燃やしたとしても，地球全体の森林のCO_2吸収量が変わっていないと言えるのであれば，それが本当の意味でのカーボンニュートラルということではないだろうかということだ．この場合，考慮すべき点は二点である．（1）まずは「バイオマス発電によって大気に放出される炭素の量」である．これは1年間にバイオマス発電の燃料として燃やされる木のトータルの重量で考えたら良い．これが大気に放出する炭素の総量とほぼ一致することになる．（2）もう一点は，「地球全体の森林の光合成によって固定化した炭素の量の増加分」である．これは，（2-A）1年間に1本の木も切らずに放置した場合の地球全体の森林の木の重量の総量の増加分をシミュレーションして数値を出し，（2-B）今度は1年前の地球全体の森林の木の重量を起点にして，同じく1年間に1本の木も切らずに放置した場合の重量の増加分をシミュレーションして数値を出し，（2-A）から（2-B）を差し引くと良いだろう．上の（1）の数値と（2）の数値が一致するようにできれば，本

当の意味でのカーボンニュートラルと言えるのではないだろうか．つまり，（2）で求まる重量を超える木を伐採し，燃やした場合は，バイオマス発電は二酸化炭素の排出をゼロにできていないと考えるべきではないだろうか．尚，上の計算では木を燃やしているのはバイオマス発電だけというように単純化しているが，本当は薪として燃やされることも多く，こうしたことも配慮すると，バイオマス発電に活用できる木の量はさらに減らすべきということになる（つまり，上の（1）はバイオマス以外に，薪燃料なども加えて考えるべきだということである）．または，そもそも（2）がマイナスの値になってしまったときには，一本も木を燃やしてはいけないということにもなる．また，こうした計算の仕方を採用した場合に想定されることとして，次年度以降の伐採できる木の本数をなるべく多くするために，成長が止まり，地球全体の森林の重量を増やすことに貢献できない老齢の木のほうが，優先的に伐採されるインセンティブが働くことだろうし，また植林する品種は，光合成の能力が高く，重量を増やすスピードが早い針葉樹林ばかりになるだろう．

　原子力発電の廃棄物は，放射性廃棄物である．こちらは直接的に人体に悪い．しかし，少なくとも地球温暖化を引き起こす廃棄物ではないということで，日本政府は長らく原子力発電をクリーンエネルギーと位置付けてきた．しかし，東日本大震災のときに起きた福島原発事故以降，クリーンエネルギーだと言い切るのが難しい状況になった（福島原発事故の前にも，東海村 JCO 臨界事故があった）．放射性廃棄物は取り扱いが難しく，放射能レベルが天然のウラン鉱物レベルにまで戻るまでは，10万年かかるとされる．したがって，埋め立てて保管することになるわけだが，10万年生きる人間もいなければ，10万年存続し続ける企業というのも想像しづらい（そもそも法人格を持つ株式会社が初めて登場したのは，オランダの連合東インド会社が設立された1602年であり，その歴史全体をもってしても，まだ400年強に過ぎない）．埋め立て保管の管理責任を誰一人として負わず，原子力発電による恩恵を何ら受けていない未来の世代に管理のコストを途方もない時間にわたって押し付ける形とならざるを得ない．これが本当に正しいことなのかという議論はなされるべきである．そしてこの10万年の間に放射性物質が漏れださない保証は誰もできず，その意味で完全な無害化ができていないということで，汚いエネルギーと位置付けるべきである．ただ，仮に放射能漏れ等で土

壌汚染なり水質汚染が起きたとしても，影響されるエリアは地球全体から見れば局所的であるのに対し，地球温暖化のほうは地球全体に影響を及ぼし，関連死者数で言えば，地球温暖化のほうが桁違いに多くなるはずである．そういう意味で，エネルギーの汚さ具合では，火力発電のほうが原子力発電より深刻であるというのが公平な見方ではあるだろう（これは，放射性廃棄物は最初から危険視されて，厳重に取り扱われてきたのに対し，二酸化炭素は産業革命以降，ここ200年，大気に垂れ流し状態にされており，廃棄物の圧倒的な物量差が違いを生んでいるという見方もできる）．

総合的な見地からの環境負荷について

　ここまで廃棄物という観点から環境負荷に注目してきたが，実際，廃棄物が環境負荷の議論の基本になるのだが，環境負荷は必ずしも廃棄物に限らない．たとえば，面積あたりのエネルギー密度という見方がある．これが高いと，発電にかかわる土地の面積が比較的小さくても大丈夫ということを意味する．逆に低いと，同じ電力を発電するにも，比較的たくさんの土地を必要とするということである．火力発電や原子力発電は面積あたりのエネルギー密度が高く，水力発電や風力発電，太陽光発電は低い．水力発電については，ダムを必要とするので，ダムにするだけの広大な土地の環境改変を必要とする．小説やアニメでもときどき取り上げられるモチーフとして，住んでいた村がダムになることが決まり，村が水没することになり，これが村のみんなで楽しむ最後の夏祭りになった，というようなものがあったりするが，このようなことが水力発電の背景にあることである（ダムを用いない小規模の水力発電もあるが，当然のことながら，発電量も小規模となる）．また太陽光発電については，昨今，田舎に行くと，有効な土地利用ではあることは間違いないにせよ，それにしても太陽光パネルばかり目に付くというようなことが多くなっていることを思い出されたい．発電に多くの土地が必要ということは，それだけの土地の環境を改変し，その土地の生態系に影響を与えることになる．生物多様性の観点からは，水力発電や太陽光発電が必ずしも，環境負荷が低いわけではない．

　バイオマス発電については，森林破壊による生物多様性に対する環境負荷を

考える必要がある．尚，SDGs でも目標15は森林の生物多様性の保護をテーマにしている．さて，バイオマス発電の燃料は木であるわけだが，伐採と植林のバランスが取れている場合は大丈夫なのであるが，木の伐採のほうのスピードのほうが上回ってしまったり，再植林をしようとも，森林の元々の環境が維持できないほど木を伐採して森林を劣化させたり，あるいは森林の木をすべて伐採してしまった場合（皆伐の場合）には，森林破壊およびその生態系の破壊は避けられない．木は，住居に使われる建築材，薪用燃料等の幅広い用途があるので，発電用の用途に限らないわけであるが，バイオマス発電は今後の発展とともに，現段階でもすでにそうだが，森林破壊のますます大きな要因になっていくリスクがあることが見込まれる．生態系の維持のための対策としては，大まかに言うと，生産者側に（そもそも人間の手が入ることが前提となっている森林である）人工林の木しか伐採しないことと，伐採した分だけ再植林の活動をすることを求めていくことが考えられる．フェアトレード認証の場合と同じように，森林保全の領域でも認証制度が機能している．FSC（Forest Stewardship Council）認証がそれに該当し，国際的な制度として知られている．FSC 認証は，適切な森林管理がなされていることを認証する FM（Forest Management）認証と，FM認証を受けた森林の木材しか使われていない木材製品かどうかをチェックするCoC（Chain-of-Custody）認証のふたつからなっている．FSC 認証のない木質ペレットを用いたバイオマス発電の電力はクリーンエネルギーであるとは言い難いということになる．ただし，そのような業者は FIT 制度（政府が定めた固定価格で再エネ電気を必ず買い取る制度のこと．事業者視点からは，これが日本において再エネをやるうまみとなっていることが多い）から除外されてしまうので，日本においては存在しがたい．

　森林の難しいところについて一点触れておくと，脱炭素の視点と生物多様性の維持の視点が必ずしも一致しないということである．純粋に脱炭素のために，森林の CO_2 吸収量の最大化を追求すると，光合成の能力が落ちている老齢の木はすべて伐採して，再植林をするのが望ましく，また植える木は光合成の能力が高い針葉樹林が望ましいということになる．そうすると，老齢林や天然林はすべて伐採して，針葉樹林の再植林をするのが合理的ということになる．しかし，そうすると，そうした森林に固有の生態系が破壊されることになる．

SDGs の目標15のターゲット15.1では森林の生態系の保全，15.4では山地の生態系の保全が掲げられていることを踏まえると，現状では生物多様性の観点を無視した森林の脱炭素戦略は支持を得にくいものと思われる.

　ここで，一般論として，では木はなるべく切らないほうが良いのかという声が出てきそうに思うが，そう単純なことではないことを指摘しておきたい. 天然林には天然林の固有の生態系が存在するが，人工林にも人工林固有の生態系が存在する. そして，この生態系は，人間が適宜，人工林の木を伐採したり植林したりしないと，維持できないものである. この事例は，日本各地の里山に多く見られるものである. 人里近くの山では林業が盛んで，山の森林は建築用の木材を提供する役割を担っていた. ところが，第二次世界大戦後，日本人のライフスタイルが変わる中で，家のスタイルも変わり，建築用木材の需要が減り，また海外からの安い木材との価格競争にもさらされて，林業は衰退し，放置される里山および人工林が日本各地で散見されるようになった. 人工林において，適度に人間が手を加えることは，多種多様な生物種に生存のチャンスを与えることにつながっており，放置された人工林では生物の多様性が減じ，生態系の単純化が結果として生じる. また，人工林は人間が住んでいる場所に近い場所に存在するので，防災上の観点も無視できない. 木は老齢になると，倒木しやすくなる. 倒木は天然林においては，生物多様性を生み出す原動力のひとつであるが，人工林においては，人間の生活圏と近いが故に人間の生活に災害をもたらすことがある. 生物多様性の観点から，さらに防災の観点から，人工林は適宜伐採し再植林するのが望ましいということになる.

SDGs におけるエネルギーの考え方

　ここまで，再生可能エネルギーとクリーンエネルギーについて見てきたが，両者は別々の観点のものであるということに注意を促したい. 再生可能エネルギーだからと言ってクリーンエネルギーであるとは限らず，クリーンエネルギーだからと言って再生可能エネルギーではないということがあり得る. たとえば，技術革新により，人類が，空気中の二酸化炭素を回収して固定化することを安価で行える技術を手にしたとしよう. その場合，火力発電はクリーンエ

ネルギーの度合いが高まったからと言っても，だからと言って，化石燃料の有限性については事情が変わるわけではないので，再生不可能エネルギーではあり続けるわけである．また，たとえば太陽光発電は，再生可能エネルギーではあるが，たとえば太陽光パネルの設置のために森林を切り拓いた場合はクリーンエネルギーとは言い難いし，また耐用年数を過ぎた太陽光パネルが廃棄物になるという問題もまだ，解決の途上である．

　エネルギーについて，SDGsを確認してみると，目標7がエネルギー問題への対応となっている．ターゲット7.2は，再生可能エネルギーの利用を増やすことを求め，ターゲット7.aは，再生可能エネルギーとクリーンエネルギーの技術が国家間で広く共有されることを求めている．

　　ターゲット7.2　2030年までに，世界のエネルギーミックスにおける再生可能エネルギーの割合を大幅に拡大させる．

　　ターゲット7.a　2030年までに，再生可能エネルギー，エネルギー効率及び先進的かつ環境負荷の低い化石燃料技術などのクリーンエネルギーの研究及び技術へのアクセスを促進するための国際協力を強化し，エネルギー関連インフラとクリーンエネルギー技術への投資を促進する．

　興味深いのは，再生可能エネルギーについては実際に利用する量を増やすことを求めているのに対し，クリーンエネルギーに対してはそうではないことである．クリーンエネルギーについては，その技術がとりあえず発展途上国を含め，あらゆる国にとってアクセスできるようにし，そのための投資を強化するというターゲットのみが該当している．もちろん，クリーンエネルギー技術への投資が進めば，必然的にクリーンエネルギーの普及につながる．しかしながら，投資を増やすことは目標にしつつも，使用量そのものを増やすことが目標ではない．そのように考えると，使用量そのものを増やす目標が設定されている再生可能エネルギーのほうがクリーンエネルギーよりも優先度が高いと，現状の国際社会は考えていることがわかる．これは思想的には，機械を利用する生産性の高い社会の維持のほうが環境負荷の低減よりも優先されるということである．先の章でも触れたことであるが，ここでも，経済成長堅持と環境保全

を天秤にかけたとき，経済成長堅持のほうが優先されるという思想が一貫して見られるわけである．

　このような優先順位はあるものの，エネルギーの環境負荷は決して軽く考えられているわけではない．それどころか，環境負荷の中でも気候変動については，SDGs の中でも目標13がまるまる気候変動対策である．目標13の二つ目のターゲットの二つ目の指標に当たる13.2.2は「年間温室効果ガス総排出量」であり，これを何とかして削減する必要があると言っている．温室効果ガスの中でも最も重大なものが二酸化炭素である．したがって，二酸化炭素の排出を抑制していくことをSDGsは明確に求めているのである．

化石燃料を完全に手放すことは可能か

　しかし，どのようにして，二酸化炭素の排出を抑制することができるのだろうか．では，化石燃料を一切燃やすことのない社会を構築するのが理想なのだろうか．この場合，われわれの生活はどうなるのだろうか．技術的な面に関して見ていくと，太陽光発電や水力発電や風力発電等で得られた電気エネルギーに頼る生活になることは確かだろう．こうしたエネルギーだけで生活を成り立たせようとすると，乗り越えなければならない課題をいくつか指摘できる．周知のとおり，こうしたエネルギーは自然条件に左右され，電力の安定供給が難しい．太陽光発電では，夜間や天気が悪い日の電力供給が難しい．水力発電は，干ばつでダムが干上がると発電できないので，雨量に左右される．風力発電は風があまり吹かない日は苦しい．したがって，こうしたエネルギーの活用を前提とすると，電力の安定供給のためには蓄電池の技術の発展が欠かせない．では，幸いにも蓄電池の技術が向上して，われわれの生活を成り立たせるのに十分かつ安定した電力を提供できる状況になれば，化石燃料は使わなくても良いのかというと，そうではない．化石燃料は電力を得るためだけに使われているわけではない．化石燃料から動力を得ているものについては，動力を得るエネルギー源を変える必要がある．自動車の場合，エンジンの中で燃やすものを化石燃料から別の燃料に変えるということが考えられる．この方向で現在開発が進んでいるのが水素を燃料とする水素自動車である(この場合,廃棄物は水)．また，

エンジンの仕組みではなく，電気で動くモーターを活用するのが電気自動車である（ただし，こちらも蓄電池の性能のさらなる向上が不可欠だろう）．尚，電気自動車については，ヨーロッパはすでに電気自動車普及のほうに舵を切っている．これは，2015年の「ディーゼルゲート」と呼ばれるフォルクスワーゲンのディーゼル車不正，そして2017年のダイムラー（現メルセデス・ベンツ）のディーゼル車不正により，ヨーロッパは，エンジン車の排気ガスを減らす技術的改善の方向で世界をリードしていくことには見切りをつけ，電気自動車にシフトする戦略を打ち出すようになった．日本企業も，こうした流れに追随せざるを得ない状況に追い込まれているが，他方で，得意のエンジン車の技術を活かせる方向で，燃料を水素にする水素自動車の開発に力を入れ，こちらで世界をリードしようとしている．このように，自動車業界は現在,脱炭素を巡る覇権争いの真っただ中である．ただ，水素を生成するには電気が必要なのであるが，その電気が化石燃料から発電した「汚い」ものであれば，「汚い」水素を活用することになってしまう．実際，現状の市場で出回っている水素のほとんどは「汚い」水素である．それは電気自動車も同様で,現状活用できる電気のほとんどは「汚い」．

　さて，話を戻すと，動力のほうについては代替手段について，われわれはある程度検討可能になっているが，熱エネルギーそのものを得るために化石燃料を使う場合の代替手段が現状では存在しない．これは鉄鋼業に当てはまることである．鉄鋼業は二酸化炭素の排出量が圧倒的に大きい産業であるが，この産業は二重の意味で化石燃料に依存している．ひとつは鋼の材料として石炭を使っているということである．製鉄の際，石灰石とともに石炭を鉄鉱石に混ぜている．こちらについては，石炭の代わりに水素を使って製鉄する技術の開発が進んでいる．しかし，より困難なのは，溶鉱炉に必要な熱量を得るために化石燃料が使われているという点で，こちらの代替手段を見つけるのは，われわれの今の技術水準では困難である．先に，電気抵抗の高い導線を用いれば，電気エネルギーを熱エネルギーに変換可能だと説明したが，では再生可能エネルギーの電気をたくさん流せば，溶鉱炉に必要な高温をクリーンに生み出せるかというと，それは不可能である．というのは，そのようなレベルの高温を生み出した際に溶け出さない電熱線は存在しないからである．このレベルの高温状

態を作り出すためには，現状では化石燃料を燃やす以外の代替手段は存在していない．そして地球上で最もありふれた金属である鉄の代わりを探すのもまた極めて困難なことである．化石燃料の使用を法律で禁じた場合に生じる技術的な課題に関して，短期間で乗り越えられそうな見通しのものと，なかなか時間がかかりそうなものがある．いずれにせよ，現状では解決していない課題がいくつもあるので，化石燃料を手放すことはすなわち，エネルギーと機械に依存した文明を手放すことを意味する．これは，持続可能な開発の視点から見ると，未来の世代のベーシックニーズのために，現代世代のベーシックニーズを完全に犠牲にすることと同義なので，到底受け入れられないことである．

二酸化炭素排出に対する経済学的な見方

したがって，二酸化炭素の排出量を規制する社会を構築しようとするにしても，全面的なものではなく，地球温暖化を防ぐために必要最小限の量だけ削減することを目指すべきと言うことになるだろう．では，どれほど排出量を削減すべきなのだろうか．ここで，経済学的なアプローチを用いて，地球温暖化問題を負の外部性として捉え，負の外部性を内部化するという観点から考えてみたい．経済学用語の外部性には正の外部性と負の外部性があるのだが，負の外部性のほうだけ説明しておくと，本来市場の内部にあるべきコストが市場の外部にある状態を指しており，すなわち，ある人ないし企業が，本来自分が引き受けるべきコストを引き受けていない状況を指す．負の外部性は環境問題を経済学的に考えるのに役立つアプローチなのだが，たとえば，水俣病を例にとって説明したい．これは，化学工場がメチル水銀化合物を水俣湾周辺の海に垂れ流して，汚染された海産物を近隣住人が食べ続けたことによって健康被害が生じた事例である．近隣住人は健康被害を受けているにもかかわらず，その原因を作っている化学工場は長らく責任を取らされることがなかったので，有害廃棄物を長らく海に垂れ流すことができた．近隣住人の健康被害の責任を負っているのは化学工場であり，その補償のための金額を本来は，その工場の製品製造のコストの一部に含めるべきであるにもかかわらず，そのコストを引き受けないことで，その分，安上がりに製品を生産していたことになる．そして，そ

のコストの支払いは，近隣住人のほうに押し付けられていたということになる．これが負の外部性というものである．そして負の外部性を内部化するということは，本来そのコストを負うべき主体にコストを負わせるということである．この場合，化学工場に，水俣病になった近隣住人たちの補償をさせるということになる．ただし，負の外部性が内部化されて，製品の製造コストに含まれるようになったからと言って，廃棄方法を改善する経済的判断になるとは限らない．水俣病の場合は，現実には，多数の裁判によって負の外部性の内部化がなされていくこととなった．このとき，こうした賠償金なり補償金より，有害廃棄物の排出方法を改善するほうがお金がかかるということになると，改善せずに，近隣住民に補償金を払い続けても，有害廃棄物を海に垂れ流し続けるという経済的判断に傾くことだろう．補償金のほうが有害廃棄物の排出方法の改善のコストよりも高い場合に，有害廃棄物の排出方法の改善をすることになる．現実は後者のケースになった．このように，負の外部性を内部化したとき，負の外部性を生み出さないようにするためのコストと，負の外部性のコストが天秤にかけられて，負の外部性の対応に関する経済的判断がなされるようになるということである．

　1970年代や1980年代では，環境問題と言えば，水俣病に代表されるような公害を指していた．公害問題の場合は，負の外部性を生み出している主体と補償すべき対象が誰なのかが明確であったので，経済学者たちが議論しやすく，解決の道が必ずしも平たんではなかったものの，解決のしかたと方向性が明白であったので，確実に状況が改善していったのだった．公害問題の解決に目途がつく中で，1990年代以降に環境問題の代名詞になっていくのが，気候変動問題および地球温暖化問題である．地球温暖化問題を外部性の観点から検討すると，実に取り扱いにくい問題であることがわかる．外部性を生み出しているのは誰か．地球上の人間ほぼ全員である．そうなると，国単位での対応が難しい．そして，外部性となっているコストの具体的な金額はどれほどなのか．それを見積もるためには，現代世代の人間たちだけではなく，将来世代の人間たちに対する被害を見積もり（そして後者の被害額のほうがはるかに大きい），補償額を考えていく必要がある．しかし，気候変動による影響は多岐に渡り，その見積もりは簡単な作業ではない．このような困難がある中で，公害問題とは異なり，地

球温暖化対応は先延ばしにされて，今日に至っていると言える．

　地球温暖化による被害はどのようなものがあるだろうか．現在進行形で生じている現象としては，気温上昇とともに，地表上の氷河が溶け出すことで，海の水位が上がり，また台風，暴風雨災害，干ばつ，山火事が発生しやすくなり，気候帯が変わることにより，生物の分布の変化と生物多様性の損失が挙げられるだろう．こうしたことによって，どのような被害を実際に人々は被っていくかを見ていく必要がある．たとえば，海の水位が上がったり，暴風雨や台風が多発するということは，水害の脅威が高まっているということであり，これによって河川の氾濫や山崩れが起きれば，農作物に対する被害や家を失ったり，人命が失われたりするようなことが起きる．山火事でもまた人命や財産が失われることになるだろう．

　また，昨今の日本も亜熱帯の気候に近づいてきているが，気候が変わると，農作物の栽培方法や，栽培できる農作物の種類そのものが変わってくる．ここ30年で，同じ農作物でも育て方が変わってきたという感想をしみじみと抱いている農家も多いことだろう．しかし，こうした対応が間に合わない場合には，農作物の不作につながる．先の章でも触れたが，2020年代からカカオ豆の不作が続いているのも，気候変動によるものと見られる．一年草の野菜であれば比較的対応しやすいだろうが，カカオ豆のように樹木の場合は，そうはいかない．新しい気候に合った樹木を新たに植えるにしても，その木が実を付けるのは数年後となる．

　さらに急激な気候変動は，それに対応できず死滅してしまう生物が多数出てくることで，生物多様性に対して損失を与えるという点を見ていくと，これは潜在的な経済的価値の損失につながることが指摘できる．今日の人類社会において，エネルギーもそうだが，動植物，微生物を直接用いたり，またはその力を借りたりすることでなされる生産は実に多い．その点では，生物もまた自然資源なのであって，人類にとって未知なる生物は山ほど地球にいると見られている．したがって，いまだ人類のために活用されていない資源が自然界には豊富に眠っており，そこには新たなる経済的価値の創出のチャンスがある．たとえば，新しい酵母が見つかり，新しい風味のビールが生み出されれば，それが新しい経済的価値の創出となるのである．そのように考えると，生物多様性の

損失は，そのようなチャンスを潰していくことにつながるのである．また，感染症によって人命が失われるリスクが上昇することも重大である．熱帯性の気候のエリアが広がっていくことで，人類を感染症で最も死に追いやっている生物である蚊の生息圏も広がっていくし，また何らかの方法で高い環境適応能力を持っている生物は往々にして優れた免疫システムをもっており，細菌やウイルスに感染しても発症せずに活動でき（たとえばネズミ等を想定されたい），そうした生物との接触の機会も増えていってしまうことで，人類の感染症リスクが増大する．それが，新型コロナウイルスの時と同様のパンデミックにつながり，経済活動が停滞するとすれば，それによる経済的損失は極めて大きいものとなる．

炭素税について

以上のような地球温暖化の外部性が内部化されてこなかったからこそ，二酸化炭素は過剰に排出され続けた．こうした外部性のコストをまずは計算して，金額を明らかにする必要がある．そして，二酸化炭素の排出量の削減によって被害の削減額と，二酸化炭素の排出量の削減のためのコストが釣り合うとき，それが適切な二酸化炭素の排出量ということになり，人類社会として，どれほど二酸化炭素の排出量を削減すれば良いかが明らかとなる．この削減量について，上で論じてきた経済学的な観点よりも，産業革命以前と比べて，地球上の平均気温が1.5度上昇すると，地表上の氷河が溶け出し，その中に含まれていた二酸化炭素が大気に放出され，もはや人間の手で二酸化炭素の量をコントロールすることが難しくなるという科学的観点からのほうであるが（しかし，欧州連合（EU）の気象情報機関「コペルニクス気候変動サービス」によれば，2023年段階で，産業革命以前と比べて，地球上の平均気温はすでに1.48度にまで上昇している），2015年のパリ協定以降，各国がそれぞれの二酸化炭素排出量の削減目標を掲げることになっている．日本の場合は，菅政権時代の2021年4月に，2030年度において，温室効果ガスを2013年度比で46%削減を目指すことを表明している．これが本当に妥当な数字なのかどうかは著者には判断する術がないが，とりあえず，日本国内の二酸化炭素排出量を46%削減するという政治的判断に則って，以下，

それをどのように実現するのかということを見ていきたい．

　わかりやすいのは，そのための法律を作ることだろう．そうすると，どういうものになるであろうか．ここで，われわれは人権文化の中にある現代的な法律の性質を理解しておく必要がある．個人の自由が最大限に尊重されることを前提に，法律のルールによってそれを縛るのであれば，それは最小限のものにしなければならないというのが一点である．そしてもう一点は，それぞれの人間に平等に自由がある以上は，特定の人間だけ得したり損したりするようなルールは不適切で，誰にとっても同じルールが適用されるべきだという一般性の原則である．この二点を踏まえると，法律の力で二酸化炭素排出量を46%削減しようとすると，例外なく，個人も法人も誰もが46%削減する義務が生じる法律になる．このような法律が仮にできたとしたら，どういうことが起こるだろうか．たとえば，あなたが電車の路線が走っていない場所にある自宅から大学に通学する大学生であり，毎日，原付自転車で通学していたとしよう．このような法律ができると，あなたは通学の際，全距離のうち46%は原付自転車で走るのを諦めて，歩かないといけないということになる．それは現実的ではない．あなたに残された選択肢は，原付自転車に乗れないので，大学の近くに下宿を借りるか，それとも法律に違反してでも原付自転車に乗り続けるかの二択しかないだろう．罰金が安いときは，後者の選択肢が選ばれやすくなる．尚，現実世界で，法律が存在しても，その法律が取り締まる犯罪がなくならない場合は，このように罰金が軽すぎて，犯罪によって得られる利益のほうが大きい状況になっている可能性が高い．それはともかくとして，この法律は特定の個人に対して，あまりにコストが大き過ぎて，過度に自由を奪うものになっていないだろうか．他に方法はないのだろうか．では，このような環境の人間のことを配慮して，例外の許容を法律の中に織り込もうとするとどうか．それは法律の穴となり，法律逃れに活用され，社会全体での46%削減は実現できなくなることだろう．この場合は，人間および企業を，公共機関のないエリアに引っ越しさせる誘因となることだろう．また，法律が守られているかどうかをチェックする機関が当然，必要となるので，そこに税金が流れていくことになる．実は，法律で二酸化炭素排出の削減を実現しようとすると，個人にも企業にも政府にも負担が大きいことがわかるだろう．

そこで，法律で人間の自由を直接制約する方向性よりも，ひとびとの経済合理性によって46%削減のほうに誘導していったほうが，人権の文化からしても，国家の負担の観点からしてもよいのではないかという発想になるわけだが，これを政策に落とし込むと，「炭素税」になる．つまり，二酸化炭素を排出するもの一切に税金をかけるということである．この政策のうまみは，二酸化炭素の排出量の削減に対するコストは人によって異なるという事情にうまく対応できることである．先ほど説明した通り，負の外部性が内部化される際，負の外部性を生み出さないようにするためのコストと，負の外部性のコストがそれぞれの人間の中で天秤にかけられる．削減のコストが安い人は二酸化炭素排出を削減するだろうし，削減のコストが高い人は二酸化炭素排出を継続して，増税分も支払うことになるだろう．たとえば，先ほどの例から考えてみると，あなたが電車の路線が走っていない場所に住んでいて，原付自転車でしか通学できないのであれば，増税されようと原付自転車で通い続けることになるだろう．しかし，あなたが電車の駅の近くに住んでいるにも関わらず，電車に乗らずに原付自転車で通学しているとしよう．この場合，電車代より原付自転車のガソリン代のほうが安いことが想定される．つまり，電車で通学すると，往復で1000円かかるのに，原付自転車で通勤すると，往復でもガソリン代が500円で済むという事態である．この時，炭素税で600円上乗せされたとしたらどうか．電車代のほうが安くなるので，電車で通学を始めることだろう．このように，二酸化炭素排出削減のコストが安い人から削減することを促し，そうでない人には削減を強制しなくて済むのである．この炭素税の金額をうまく設定すれば，社会全体として46%削減を実現することができるという次第である．炭素税が今後グローバルスタンダードになっていくと見込まれているが，それは以上の理由からである．今後は，生物多様性についても，同じような扱いがなされていくのではないかと思われる．

第6章　シティズンシップと市民について

はじめに

　SDGs のターゲット4.7は，地球市民教育（"Global Citizenship Education"）の普及を求めており，文部科学省も地球市民教育の浸透に力を入れている．地球市民教育とは地球市民を育成する教育を指しているわけであるが，地球市民とは何なのだろうか．その理解のためにはシティズンシップとその基礎的な理論的背景について整理しておく必要があるだろう．この章では「市民」や「地球市民」といった言葉をどのように私たちが捉えていけば良いのかを考察するために，その土台となる理論を考察する．

　"Global Citizenship Education" という語に対して，文部科学省は「地球市民教育」と翻訳を当てはめて，そして ESD（Education for Sustainable Development, 持続可能な開発のための教育）とともに推進してきている．この翻訳について，もともと "Citizenship Education" に対して「市民教育」という翻訳が定着していることを受けて，"Global" を「地球」と翻訳して，これらを合成するという発想で作られた翻訳語と思われる．文科省が様々な通達でこの翻訳を用いているため，「地球市民教育」という翻訳が完全にとは言えないにせよ，それなりに定着してきているように思われる．

　しかしながら，地球市民教育とはなかなか直観的にはわかりにくい言葉ではないだろうか．「地球市民」と言われても，それは一体何だろうか．そもそも「市民教育」自体が漠然と理解されがちで，学校の外で，一般市民に対して開かれている市民講座のようなものとも混同されやすいように思われる．「市民」とは，横浜市や大阪市といった市に住んでいる人間を指すのではないのかという声も当然のことながら上がるだろう（そして当然，それは間違っていない）．これまで日本の教育政策に関する議論を聞いたことがない人間が，地球市民教育という言

葉を耳にすれば，このような疑問をもつことだろう．

　なぜ，このように「地球市民教育」という翻訳語が理解しがたいかと言うと，それは「市民」という言葉に対応している"Citizenship"の意味が，日本語空間においてある種の不明瞭さがあるからである．教育業界においては"Citizenship"は「市民性」と訳されることが多い．しかし，「市民性」と言う言葉は，具体的に何を指しているのかがそれほど明瞭ではないという点で，あまり優れた訳語ではない．英語の辞書を引いてみるとわかることであるが，"Citizenship"の語が意味するところは，第一義的には「市民権（または公民権）」と「国籍」であり，これらの意味は相当具体的である．

　「国籍」に関して，たとえば「二重国籍」を英語で言うと，"Dual citizenship"であって，"Citizenship"は"Nationality"とほぼ同義で用いられる（尚，"Dual nationality"とも言う）．"Citizenship"という言葉が「市民権（公民権）」と「国籍」のふたつの意味を持っているということは，逆に言うと，市民権を保持することと国籍を保持することはほぼ同義だということである．このことが明示的に示しているように，先ほどの問いに立ち返ると，市民権とは，たとえば横浜市や大阪市に所属している人間の権利というように，市というレベルのコミュニティでの権利義務ではない．そうではなくて，国家において，政治的主体または主権者としての権利義務を指しているのである．英語の"Citizenship"は，こうした国家レベルの主権の所在を指すのであって，都市レベルの主権の所在を問題にはしていないのである．「市民性」と言う言葉はこのような具体性を見えにくくしてしまっていることがここで確認できるだろう．市民とは，すなわち市民権を有するという意味での市民とは，国政に参加する主権者であるということである．

　したがって，"Citizenship Education"は，国政に参加する主権者としての意識と資質を育む教育ということになる．そういう意味では，こうした政治的主体性の視点を明瞭にするために，「市民教育」よりも「市民権教育」と訳したほうがわかりやすいかもしれない．いずれにせよ，国家からサービスをただただ受け続ける単なる受益者ではなく，または国家からのサービスを受けられず放置される状態を受忍する存在でもなく，つまりは国政に対して受け身な存在ではなくて，国家の構成員として，国政に積極的に参与して主張し行動する

政治的主体または主権者として行動できるようになるために身に着けるべき意識と態度を育成する教育が,「市民教育」であるということだ.

古代ギリシャにおける市民と民主主義の誕生

そこで,主権者としての意識と資質の内実はいったい何であるかということが問題になる.それを理解するために,以下,改めて市民という概念について理解を深めていくことにしたい.市民の概念の生成は,紀元前の古代ギリシャにまで遡る.古代ギリシャは都市がひとつの国家として成立していて,都市間で争い合う状況にあった.この都市国家間の戦争で,敗北した都市国家の市民たちは,勝利した都市国家の市民たちの奴隷になるのが通例であった.それぞれの都市国家にとって他の都市国家との戦争に勝利することは極めて重要なことであった.尚,オリンピックが「平和の祭典」と自称するのは,戦争が重要な意味を持つ古代ギリシャにおいて,スポーツ大会をするときだけは戦争が中断し,それぞれの都市国家の市民たちが参加したという逸話に由来している.

都市のことをギリシャ語では polis と言うが(そしてそれは国家と同義であった),これは現在でも cosmopolis(国際都市)や megalopolis(超巨大都市)といった英単語で確認できる.そして,これが重要であるが,政治を意味する politics もまた,この polis に由来している.このことからも都市や市民という概念はそもそも政治の概念と関係していることが確認できる.政治(politics)の元々の意味は,都市国家の構成員全員,つまり市民全員に関わることということであった.

この古代ギリシャの中でもアテネという都市国家においては,民主主義が人類史上初めて成立していたとされている.尚,民主主義は政治体制のひとつを指しており,決して「主義」という言葉が喚起するような人間の信条を指しているのではない.この言葉もまた翻訳語で,民主主義に対応している英語のdemocracy を確認すればわかることだが,通常の「主義」という翻訳語を当てるはずの -ism がこの単語には活用されていない.この英単語もまたギリシャ語由来であり,demo(民衆)と cracy(統治)の合成語であり,数ある統治体制のひとつを指す言語である.したがって本当は,民主制や民主政という翻訳の

ほうが適切である．いずれにしても，民主主義のアテネにおいては，市民が全員参加して政治的決定を下す仕組みができあがっていた．この民主主義の国家の中にあって，市民とは，自分の国家の政治的決定に参与し，また責任を負う存在である．このようにして，シティズンシップの最初の姿が現れたのだった．

ただし，このシティズンシップは，今のわれわれが理解するシティズンシップとは異なり，自分の所属する共同体のために自分の身を犠牲にすることを要求するものである．自分の所属する都市国家が戦争に勝利するために，実際に戦争に参加し，国のために自らの命を捧げることが，古代ギリシャの市民たちには要求されたのである．また，民主主義と言っても，市民ではなく奴隷とカテゴライズされている人間たち（つまりは，かつての戦争で敗北した側の都市国家の市民）は政治に参加できなかった．

民主主義が誕生したアテネにおいて，反民主主義思想もまた誕生した．有名なのは哲学者ソクラテスの裁判である．この裁判の詳細について弟子のプラトンが『ソクラテスの弁明』で書き残しているので，今のわれわれも当時の裁判のことを知ることができる．裁判官は市民であった．この民主的な裁判の結果として，神を冒涜した罪で告発されたソクラテスは死刑に処せられることになる．ソクラテスの弟子である哲学者プラトンは，この民主的な裁判は不正だと考え，その後，民主主義的な政治を否定し，哲学者による政治の理想を説いた．ここでプラトンが導入した洞窟の比喩が有名であるが，一般の人間が見ているものはすべて洞窟の中のたいまつの光が生み出す影であって，つまり本物は見ていないということを言うがための比喩である．本物を見ることができる哲学者と偽物しか見えていない一般市民とをプラトンは対比して見せたわけである．そしてプラトンの弟子のアリストテレスの登場の前までは学問が明確に分化していなかったので，ここで言う哲学者とはつまり，学者一般ととらえて良い．言ってしまえば，一般市民の見解より，少数の学者たち，または知的エリートの見解のほうが正しいのだから，政治的決定をすべきなのは，この少数の学者たちまたは知的エリートたちであるべきだということである．かくして古代アテネにおいては，民主主義の誕生とともに，一部の知的エリートまたは学者が政治を独占することの正当性を主張する対抗言説も登場したのだった．皆で決めたほうが良いのか，それとも一部の専門家なり知的エリートたちに意思決

定を任せたほうが良いのか．この問いは民主主義の根幹に対する問いであり，そして今日にまで通じる息の長い問いである．

主権概念の登場

　ヨーロッパの歴史を論じるにあたって，始まりは古代ギリシャと設定するのがヨーロッパにおける今の通例となっているのだが，実のところ，ヨーロッパのキリスト教共同体においては，古代ギリシャの知的遺産は異教，すなわち異なる宗教として扱われ，排除されている時間が歴史的に長かった．古代ギリシャはヨーロッパで長らく忘れ去られていたが，中世においてイスラーム文化圏より逆輸入されることになった．古代ギリシャの市民および民主主義の概念もそのときに入ってくることになった．こうした概念がヨーロッパ近世の啓蒙主義の萌芽に結びつき，その流れの中から社会契約論の思想が生まれ，そしてフランス革命のような象徴的な事件が生じるに至り，国民国家体制が一般化することによってヨーロッパ近代が幕を開けることになった．

　この社会契約論が現代のシティズンシップを考えるにあたって重要であるが，なぜかと言うと，社会契約論により市民の概念に現代的な意味が与えられたからである．それは国民主権という概念が市民の概念に合流したということなのであるが，国民主権は市民の概念に主権の概念が結びついたことで成立した．主権の概念は，社会契約論の登場より前にフランスのジャン・ボダンによって定義された．ボダンの主権概念の革新性を理解するためには，そもそものヨーロッパ中世の政治原理を理解しておく必要がある．それはいわゆる政治的アウグスティヌス主義と呼ばれているものであるのだが，これはカトリック教会に，世俗国家を優越する政治的権力を与える教説である．「神の国」からの精神的なメッセージを世俗の人間は決して直接受け取ることはできず，世俗の人間が神のメッセージを受け取るには教会を媒介しなければならない．教会は世俗国家よりも「神の国」の近くに存在しているという位置づけをすることにより，教会は世俗国家によりも上に位置しているということの根拠を得るのである．この教説こそが，宗教的権威を政治的な領域で成立させることを可能にした．典型的な例として，当時のドイツは「神聖ローマ帝国」と名乗り，遠く離れた

ローマにあるカトリック教会の権威によって政治的正統性を得ていた．逆に言うと，神聖ローマ帝国はローマのカトリック教会という外部に対して独立しておらず，そこからの政治的介入を常に受け続けなければならないということを意味していた．

　こうした文脈の中でヨーロッパ中世において「法の支配」の概念は大きな役割を果たしていた．現代人は民主主義と法の支配はワンセットと思いがちであると思われるが，しかしそうではない．法の支配は，元々はローマのカトリック教会が国家に対して権威を維持するのに役立てる概念として登場した．現代的な用法では，法の支配で言う「法」とは今のわれわれが通常的な意味で理解する法律，すなわち人の手で作り出された実定法を指しているが，中世的な用法ではそうではない．ヨーロッパ中世における法の支配の「法」とは，神がこの世界が今あるようにした世界の設計のことであり，「自然法」と呼ばれるものである．ヨーロッパ文化では自然イコール神なので，自然法とはつまり神が設計した世界の法則を意味する．ただし，ここで言う自然イコール神とは，日本の神道に見られるような，万物に神が宿っているというようなアニミズムとは異なり，神が，自分が描いた設計図に基づいて創り出したという意味で，自然は神の意志の表れであるということである．自然が神の被造物であるということは，そういう意味である．「自然法」という言葉は現在でも「自然法則」と言う形で用いられているが（英語的には，「法」も「法則」も law という同じ言葉である），この場合，自然界の物理法則を指しているが，ヨーロッパ中世の自然法の考え方に従えば，こうした物理法則は神が設計したものであるし，またこうした物理法則以外の，あらゆる種類の法則が神の意志の反映であると考えられたということである．ヨーロッパ中世の法の支配の概念はこのように現代の概念とは異なり，神の意志の表れである自然法による支配を意味する．つまり，カトリック教会にはこの不可視な神の法を，王を含む世俗の人間に伝え，それに従うように要求する正当性があるという世界観を支え，カトリック教会の権威の維持に役立てられた概念であるのだ．

　主権概念は革命的な概念であって，この中世的な法の支配の概念を否定し，外部に対する国家の独立性を主張するために生み出された概念である．ジャン・ボダン（1529（1530)-1596）は『国家論（*Les six livres de la République*）』（1576）にお

いて，「主権とは，国家の絶対にして永続的権力である」（Bodin, Jean, *Les six livres de la République*, Paris : Jacques Du Puys, 1576, p. 125）という主権の定義を提示した．人間を超えた神が作り出した法による「法の支配」というヨーロッパ中世のカトリック的な法思想に対抗すべく，人間であるところの主権者が神に依存せずに自律的に法を与えることができるとしたのが，ボダンの主権論であった．主権者は王であり，王は絶対的であるから，外国および外部の教会に従う必要はない．自分のテリトリーの中においては絶対的な権力であり，テリトリーの外部の誰からも介入されることがないというのが主権者であり，それは主権の不可侵性とも呼ばれるものである．この主権の考え方は世界に広く浸透し，今日の世界は主権国家体制になっている．尚，その副作用として，領土に関する争いがおこりやすくなることが指摘できる．主権が及ぶ範囲が領土ということになるので，領土の範囲または境界を巡って争いが起きやすくなり，そのような文脈での戦争がこれまで続いてきたし，今もそうした争いはあるし，今後も起こり続けることだろう．こうした争いは実のところ，主権の概念なしには起こり得ないものである．

現代的なシティズンシップ——ルソーの社会契約論

主権の概念それ自体には主権者に関する制約はない．つまり君主主権であっても国民主権であっても主権国家は主権国家である．国民に主権がない北朝鮮であろうとも，主権国家であることは間違いない．とはいえ，今日の世界においては，国民主権の国家が多い．この国民主権という概念は社会契約論である．主権の正統性を主張する際に，国民・市民を根拠に据えたのが社会契約論である．この社会契約論を最初に成立させたのはトマス・ホッブズだった．ヨーロッパ中世にあっては，ローマのカトリック教会が国家の正当性を保証したが，ホッブズの社会契約論においては，国民の生存を守ることが国家存立の正当性であるとされ，その正当性はその国の外部のいかなる存在にも担保されない．かくして国家が外国から独立した主権性を獲得し，その主権性の根拠を国民とするという意味での国民主権が成立する（Hobbes, Thomas, *Leviathan* (1651), Edited with an Introduction and Notes by J. C. A. Gaskin, New York: Oxford University Press, 1998.）.

こうしてホッブズにより，国家の政治の正当性は国民に求められることになった．国家が主権を有することの根拠は国民にあるという際，ホッブズは，それは国民の生存により良く資するからというロジックを展開している．ホッブズの議論は生存権を中心にして構築されているが，後に登場した社会契約論者ジョン・ロックは，生存権ではなく所有権を中心にして社会契約論を構築した．後世の人間から見た場合，ロックのように所有権を中心とする場合のアドバンテージは権利の概念を多様に拡張できることである．ロックの所有権がカバーしている範囲は生存権よりも広く，そして生存権をも含みこんでいる．つまり，生命もまた自分の「所有物」だということである．こうして，生命，財産，信条・良心の自由を含む多様な自由を自分の「所有物」とみなした結果，ロックの所有権は権利の概念を拡大した．すなわち個人の生命，財産，自由は国家から与えられるものではなく，そもそもそうした権利が個々人に内在しているという考え方に変えることにロックは成功したのだった．そういう意味で，ロックの社会契約論は今日の人権の概念を構築するのに多大に貢献した．国家は個々人の多様な権利を守るために存在しているのである．尚，人権の概念は成長し続け，国連の世界人権宣言を経て，国家に所属しない難民の権利までも議論できるようになり，もはや国民主権の議論に縛られずに発展してきている．

ところで，ホッブズにしてもロックにしても国民主権と言うのは，国家が主権を有することの根拠は国民にあるということであって，国民が声を持つ主権者であるということではないという点においては，違いはない．つまり，国民には政治的決定をする力は与えられておらず，端的に言えば，国民は政治的主体としての市民ではなく，ここに実は民主主義はない．この点において，ジャン＝ジャック・ルソー（1712-1778）の社会契約論は異なる．彼の社会契約論は，何より，国民が政治を決める主権者であるということを主張する．そして今日の国家の多くが採用している間接民主主義，つまり国民が選挙で自分たちの代表を選び，その代表が議会で話し合って法律を制定する仕組みについてルソーは批判的である．イギリスの議会制について次のように論じている．

イギリスの人民は自由だと思っているが，それは大きな間違いである．彼らが自由なのは，議員選挙の間だけのことで，議員が選ばれるや否や，イ

ギリス人は奴隷となり，無になってしまうのである．(Rousseau, Jean-Jacques, *Œuvres Complètes*, t. 3, Bibliothèque de la Pléiade, 1964, p. 430)

　間接民主主義の場合，政治家が国民の声を聞くのは選挙の時のみなので，国民全員が政治に参加し民主主義が成立しているのは選挙期間のみである，ということである．ルソーが理想とする政治体制は，常時国民が政治参加する直接民主主義である．直接民主主義はルソーが理想としていた当時のジュネーブのような都市国家の規模であれば可能だが（ルソーが生きた18世紀までは，世界において，ひとつの都市でひとつの国家という形が普通であった），国民国家の規模になると，人口が大きすぎて，効率性の観点から難しい．つまり，ひとつひとつの議事につき，日本の人口総勢1億2500万人に確認していては，とてつもなく時間がかかり過ぎてしまうということである．しかしながら，効率性の観点によって，ルソーの考え方そのものの正当性が否定されるわけではない．実際，選挙期間でない期間においても様々な形で政治に対するメッセージを発信し政治的決定に参与する方法が今日の日本にはある．エシカル消費について触れた際，購買活動も，われわれのひとつの政治的メッセージを発信するひとつの形であるということを別章で見た．今日のシティズンシップにおいて問題になっているのは，選挙期間はもちろんのこと，選挙期間だけではなく常時，国家の構成員として政治的決定に参与することであるが，このような政治的主体としての市民意識を生み出したのは，ルソーである．

　ルソーの『社会契約論』の問題設定は次の通りである．「人間は自由なものとして生まれたが，いたるところで鉄鎖につながれている．（…）何がそれを正当なものとし得るのか」(ibid., p. 351.)．この問題設定には自由が何より重要な価値であるという前提があり，この前提からすると，国家に所属するのは決して望ましいこととは言えない．国家に所属しているということは，国家の法によっていくつかの自由が制限され「鉄鎖につながれている」状態になってしまうからだ．しかしながら，国家がない状態では，個々人の自由の追求が，他人のそれとぶつかり，それができなくなるリスクがある．そのリスクを避けるために，人間は国家を創設しそれに所属することを選ぶ．しかしながら，そもそも自分の自由を守るために国家を必要としたにもかかわらず，国家からの拘

束が厳しいとなれば本末転倒になる.

　したがって，鉄鎖は鉄鎖でもどのような鉄鎖が正当なのかということが問題になる. その点を踏まえて，この問題をルソーは次のように掘り下げている.

> 「あらゆる共同の力を尽くして各構成員の身体と財産を守り保護しつつ，各人がすべての人々と結びつきながらも自分自身にしか服従せず，以前と同じように自由であるような組織の形を見出す」. これが，社会契約が解決を与える根本問題である. (ibid., p. 360.)

　最初の問題設定の「鉄鎖」は，鉄鎖でありつつ鉄鎖ではない，拘束しつつ拘束しない，そのような鉄鎖でなければならない. そしてそのような鉄鎖とは，自分自身でなければならない. つまり，自分自身を拘束するものが自分自身であるときのみ，そのような拘束は拘束でありつつも拘束ではなく，自由が確保されるということである. 自分自身にしか服従しないような社会の形とはいったい何なのかということが問題の核心になる. そしてそれは「一般意志 (la volonté générale)」であるというのがルソーの答えである.「一般意志」に基づいた社会作りこそが，自分自身にしか拘束されない社会のあり方である.

> われわれの各々は，身体とあらゆる力を共同のものとして一般意志の至高の指揮の下に置く. そしてわれわれは各構成員を，全体の不可分の一部分として，一団として受け入れる. (ibid., p. 361.)

　一般意志によって動く政治・社会こそが，個々人が自分自身にしか従属しないあり方を許す政治・社会であるというのがルソーの見解であり主張である. と言うのは，一般意志は自分の意志であるからだ. しかしながら同時に，他者もまさしくその同じ意志をもっているのである. だからこそ，一般意志に基づいた社会の中で，それぞれの構成員はひとつの共同体を構成しつつ，その共同体から切り離されることのない一部分となることが可能になるのだ. それぞれの人間が自分の一般意志を実現しようとする形で共同体の意思決定に参与するのが，個々人の自由が守られる正当な共同体のあり方であるというのがルソーの主張ということになる.

　ここで，人間が持つ意志にはふたつのタイプがあるとルソーが考えている.

すなわち，自分の利益をひたすら追求する「特殊意志 (la volonté particulière)」と，コミュニティの全員に共通する利益と平等を追求する「一般意志」のふたつである．ルソーの主張に従うと，このふたつの意志は全く別物である．個人個人が持つ特殊意志を寄せ集めると，その総和がコミュニティの全員に共通の利益を追求する意志になるかと言うとそうではなく，あくまでそれぞれの人間がそれぞれの私益を主張する「全体意志 (la volonté de tous)」になり，これは一般意志とは異なるとルソーは主張する．どういうことかと言うと，具体的に考えてみると理解しやすくなる．たとえば，税金の制度について考えてみると，国家の公共サービスを維持しようと思えば，その財源を確保するために税金の仕組みが必要である．一般意志に則って考えれば，このように考えることになるわけだが，特殊意志の場合にはそうはならない．すなわち，個人としては税金を払いたくないというのが特殊意志に則った考え方である．そしてこの特殊意志を集めてみると，誰もが税金を払いたくない，税制度は要らない，という結論になってしまい，これは一般意志の場合の結論とは異なる．このように一般意志は特殊意志とは根本的に異なる意志とされる．一般意志はその名の通り，一般的であって，一部の特定の人間なり団体が利したり，義務を与えたりするようなことを認めない意志であって，どの人間に対しても一般的に妥当であり正当であることを追求する意志である．現代的な法律の性質には一般性が要求されるが，こうした一般性とルソーの一般意志の議論は馴染みやすい．裏返して言うと，一般性を持つ法律の制定のためには，市民たちの一般意志がその法律の制定の際に反映される必要があるという主張でもある．そして，この一般性という性格が，法律をもっとも個々人の自由を守るものにするのである．

　私益を追求する特殊意志と共通の利益を追求する一般意志は異なる．しかしながら人間は，このふたつの相反する意志を同時に持っているというのがルソーの考えである．そして，特殊意志は人間としての意志であるのに対し，一般意志は市民 (citoyen) としての意志であるとする．国の意思決定の場に置かれた人間は，市民として一般意志のほうに従って物事を考えて，意思決定に参与することが求められている．そしてこれこそが，社会状態の中で必ずしも自分の特殊意志だけを追求できない個人が新たに得た自由，市民的自由なのである．一般意志に基づいてあなたが政治参加するとき，市民社会に生きる個人と

しての自己実現ができる．というのも，一般意志もあなた自身の意志そのもの
なのだから．一種の幸福論がルソーの社会契約論には含まれている．

　古代ギリシャのシティズンシップは，自らの命を犠牲にしてでも，自らが所
属する共同体を存続させることにその意義を求めた．ルソーのシティズンシッ
プは共同体の存続を第一義とするのではなく，個人個人の自由を確保する政治
を生み出していくことにその意義を求める．一般性をもつ政治を実現するため
に，シティズンシップが必要とされる．つまり，全員参加の政治のほうが少数
者の政治より，一般意志に基づいた政治がなされやすいということである．つ
まるところ，少数者の政治は，その少数者の特殊意志に従って，つまり彼らに
とって都合が良いように政治的決定がなされ，それは一般意志に反する政治と
なりやすい．ルソーが強調するのは，「満場一致（unanimité）」である．つまり，
あらゆる人間が同意できることのみが，一般意志に基づいた政治的決定と言え
るということである．特定の人間の利益になるものは，その特定の人間以外の
人間たちには本来同意できないものである．あらゆる人間が同意できることは，
誰か特定の人間に対して利益や不利益を与えるようなものではなく公平で平等
なものにならざるを得ない．したがって，あらゆる人間が集まって同意できた
ものは，一般意志に適合するものになるということである．このように一般意
志の観点から，つまりあらゆる人間が同意できるもの以外は不当であるという
観点から，直接民主主義と全員参加の政治の意義をルソーは説明するのである．

　あなたの声は必要である．なぜならば，あなたの声が聞こえなかったら，あ
なたのことを無視したり苦しめたりする政治がなされるから．あなたの声は，
誰にとっても良い政治の実現のために，意味がある．つまるところこれが，ル
ソーが主張するシティズンシップの正当性である．

　この観点からすると，議会制民主主義は法律制定に関して，議員の声を大き
くして，市民の声を小さくする仕組みである．効率性のために，民主主義を犠
牲にする仕組みという言い方もできるだろう．別章でジェンダー平等のテーマ
を取り扱ったが，世界経済フォーラムの報告書 *Global Gender Gap 2024* によ
ると，総合ランキングで日本は146カ国中118位であり（2023年の報告書では125位
だったので，これでも大幅に改善されている），女性の政治的能力の強化（Political
Empowerment）は113位であり，そのカテゴリーの下部にある議会における女性

数 (Women in parliament) は129位である．したがって，日本の議会は女性の声が，他の先進国との比較どころか，発展途上国の大多数と比較しても，極めて反映されにくい状況にあることがわかる．日本の議会において女性の声は極めて小さい．したがって，女性の利益を無視した法律が制定されていくことになる．中絶に関して女性に対して極めて不利な条件を押し付けている母体保護法が1948年以降変わらないのも，この状況から生じる必然的な結果であると言って良い．このような状況を踏まえると，ルソーが直接民主主義を求めた理由がよく理解できるのではないだろうか．現在の日本の議会制民主主義の制度の中で，この状況を打破するには，女性議員の数を格段に増やして，女性の声を議会の中で今よりも大きいものにしていくより他ない．

　しかし，政治家ではないからと言って，市民に声がないわけではないし，法律の制定は政治の中でも最も強力ではあるものの，法律の制定だけが政治というわけでもない．ルソーのシティズンシップは今日的には，われわれに様々な形で，様々な場面で，あるべき社会の実現のために，声を上げていくことを求めている，というように理解すべきであろう．そして，ルソーの生きた時代よりも，今の時代のほうが，声の出し方について，はるかに選択肢がある．選挙期間以外でも，政府や政党に意見を送ることで，政治家や行政に影響を与えることができる．デモをして政府に抗議することもできる．インターネットなり何らかのメディアを通じて，自分の声に対する共感者を増やすことができるかもしれない．先ほども触れたが，エシカル消費もまた，言葉ではないにせよ，購買行動による声の出し方であり，企業の行動を変えることを目的にした声の出し方である．不買もまた，購買行動によるメッセージの出し方である（ただし，寡占状態あるいはそれに近い状態になっていない限り，競合する商品が多い中で，その商品は買われないのが普通なので，不買行動のインパクトは通常は限定的である．一般的には，エシカル消費のように，買うという行動のほうが企業行動の変容に対して効果を持つ）．あなたが金銭的ゆとりのある生活を送っている場合には，節税対策も兼ねて，あなたの共感する社会事業を行っている団体に寄付をするような場合，これも社会に対するひとつのメッセージとなる．他にも声を出すための選択肢はあるし，状況に応じて，新たな選択肢も現れることだろう．必要に応じて，あなたは適切な方法を探り，そして声を出すべきである．

ルソーの「満場一致」の考え方からすると，われわれが声を出す必要がとりわけあるのは，われわれ自身が，何らかの法律ないし政策などで何らかの不利益を被っている場合である．他にも，自分ではなくても，同じコミュニティの中の他の誰かが極端に不利益を被っている政治がなされている場合には，声を上げるべきである．今は自分が被害者でなくても，明日は自分が被害者になる可能性があるからだ．繰り返し取り上げている母体保護法を例にとると，女性であっても，妊娠していない私は当事者ではないと思うかもしれない．しかしながら，妊娠する可能性は常に存在するので，明日は当事者かもしれない．このように，不利益を被っている当事者であったり，不利益を被る可能性が潜在的にあったりする場合は，法律ないし政策に一般性を求めて，声を上げる必要がある．

シティズンシップの困難さ——大衆社会と官僚制的支配の時代

ルソーが生きたのは18世紀であったが，その後，19世紀に産業革命が世界の各地で進展していくとともに，社会全体の生産力が上がり，飢えが克服され，人類社会は人口の爆発的な増大を経験した．また，都市国家に代わり，国民国家が世界の主流となったことも相重なり，一国の人口規模はそれまでとは比べ物にならないものとなった．個々人の政治的影響力もそれにつれて相対的に弱まっていくことになった．ここに大衆社会の萌芽がある．大衆社会とはすなわち，国家の人口の規模が大きくなり，政治はもはや個人の手でどうにかなるようなものとは思えなくなり，自分がこの国家を構成している構成員だという市民意識を抱けなくなった人間が大多数を占めている社会ということである．このような人間たちには，政治的に無関心になるし，必然的に自分のプライベートな生活の充実にしか関心を向けることがなくなる．大衆社会の成立とともに，それぞれの人間がシティズンシップに対する無意味さを感じやすい時代になったのである．

このような傾向に拍車をかけるのは，マックス・ヴェーバー (1864-1920) が「官僚制的支配」と呼ぶ状況である．これは決して，あの霞が関で働く官僚たちが日本の政治を牛耳っているということを言っているのではない．そうではなく，

官僚たちの働き方に求められる要素が社会全体に浸透しきっている状況を指す．国の規模に合わせて，そして産業社会からの膨大な要請に応えるべく，官僚組織は巨大なものになる．そして，官僚の仕事は，議会で制定された法律を現実の政策に落とし込んで執行することである．業務は規則によって定められ，こなすべき業務は膨大にあり，効率性が要求される．したがって，組織として業務遂行する形で，それぞれの個人がそれぞれの役割を果たしていく必要がある．したがって，仮に法律等に個人的には疑問があったとしても，私心を挟まず，上からの命令に従い，自分の任務を迅速にこなしていく規律が官僚には要求される．官僚には効率性が求められる．

そして政策立案・実行の業務をこなしていく上で，専門性が要求される．したがって，官僚は専門家である必要があるとヴェーバーは見て，専門性もまた官僚の働き方に求められる要素と考えた．ただし，現在の官僚組織の業務遂行を見ると，高度な専門知が要求される事柄については有識者会議をする等して，インテリジェンスを外注することが多くなっている．ヴェーバーが生きた20世紀初頭と比べると，政策実行に際してますます多岐に渡る専門性が要求されるようになり，それにもかかわらず，一律の試験（公務員試験）を課して同じ能力をもつ人材しか採用していないという人事採用面の硬直化により，あるいはそもそも人数が足りないことにより（省庁間で人事予算が適切に分配できていない可能性もある），官僚組織の業務に本来は必要な専門技能すべてをもはや自前の人材ではカバーできなくなってしまっていると見ることができるだろう．しかし，個人としてではなく官僚組織としてみた場合に，その業務には専門性がますます要求されるようになっていっていることは間違いない．

効率性と専門性という要素が官僚組織だけではなく社会全体に浸透していっている状態を「官僚制的支配」と言う．企業においても，大規模なものになると，官僚組織と同じシステムを取ることになる．株式会社においては，株主総会等で決定した目標を実現すべく，従業員をいかに効率的に働かせるかが管理者側の課題であるし，従業員にしてみれば，管理者に与えられた業務において，自分の専門性と業務遂行上の効率性を示すことが人材としての評価または価値につながる．そしてひとびとに効率性・規律と専門性を習得させるための機関として，学校が19世紀より登場した．学校は表向きには，様々な知識や技能を

習得させ，専門性を獲得させるための場であるが，ひとびとに集団生活の中での規律を身に着けさせ，自発的に規律を守るように訓練するという役割もまた担ってきたというのは，ミシェル・フーコー（フーコー，ミシェル，『監獄の誕生』(1975)，田村俶訳，新潮社，2020）が強調するところである．人権尊重と表向きには言っておきながら，合理的に説明できない規則を並べた校則に従うこと，あるいは制服を着ることを強いる学校教育を思い起こしてもらえれば，学校教育の目的のひとつは，上からの命令あるいは規則に素直に従うことを習慣化させる規律訓練であるということが容易に理解できるだろう．こうして，社会全体において官僚制的支配が浸透するのである．

　それが社会的にしばしば民主主義の価値より重視されることもわれわれが日々体験することである．たとえば，新型コロナウイルスのパンデミックの際，厚生労働省が組織した専門家集団について，こうした専門家たちの専門性を疑う声はあっても，こうしたほんの一握りの人間たちが厚生労働省の施策に絶大な影響を与えることに対する異議を唱える人はいなかったし，ましてや，国民の合意を形成して，その合意を施策に反映させるべきという民主主義的な要望が聞こえてくることはなかった．これはまた，知的エリートに政治を任せたほうが良いというプラトンの主張を今日のわれわれも一定程度受け入れているということでもある．そして，従わなかったとしても罰則がなかったにもかかわらず，「こんな隙間だらけのマスクでは空気感染は防げないよね」，「外でマスクをするのは，本当は意味ないよね」と言いながらも，マスクの着用をし続けるほど，上からの命令に従う規律をわれわれは身に着けているのである．

それでもなお市民の声は重要である

　大衆社会の中で，個々人の政治的影響力が弱まっているのに加え，官僚制的支配の中で，上からの命令にただ従うという規律を身に着けさせられ，いよいよ自分の声を持つ市民として振る舞うのが難しくなったのが，われわれが生きている今日の世界である．しかしながら，上からの命令が正しくない場合，その命令をそのまま実行すると，われわれも正しくないことをすることになる．このような事例は山ほどあるが，歴史上，よく知られているケースのひとつを

挙げるとすると，それは第二次世界大戦時のドイツである．ナチス党が選挙で勝ち政権を握り，憲法秩序を停止し，総統（ナチス党党首）のヒトラーの命令が実質的な法律となった．そして，「ユダヤ人」（単純にユダヤ教徒だけを指すのではなく，色々な名目で，多種多様なドイツ人がこのカテゴリーに入れられた）を大量殺戮することがドイツの実質的な法律となった．このような状況が生じてしまった場合に，抵抗が難しいのが今の大衆社会および官僚制的支配の社会のあり方である．ドイツ人はヒトラーの法律に則って，粛々と，「ユダヤ人」大量殺戮という目標の実現のために各々の業務をこなしていったのだった．そして「ユダヤ人」は抵抗しなかった（と，ハンナ・アーレントが『エルサレムのアイヒマン』（アーレント，ハンナ，『エルサレムのアイヒマン』(1963)，大久保和郎訳，みすず書房，2017）で論じ，ユダヤ教徒のコミュニティから反発を受けつつも，自説を貫いた模様については，映画『ハンナ・アーレント』(2012)でうかがい知れる）．または，もう一度，2011年3月の東日本大震災時の石巻市の大川小学校のケースを思い出されたい．教員の判断ミスで，教員の指示通りに動いた児童たちは，津波で命を落とした．当時の児童の視点に立つと，教員の指示に抗う以外に，生き残る術はなかった．

　上からの命令が正しくない場合に，それに抗うにはどうすれば良いか．上からの命令に変更を迫るにはどうすれば良いか．大衆社会になり，個人の声がどれだけ小さくなろうとも，そのような状況に置かれた場合には，結局のところ，われわれひとりひとりが自らの声を発する市民として行動するより他ない．直接的な被害を受ける人間はなおさらである．われわれの声はゼロではない．実際，声が小さくなればなるほど，そのひとを無視した政治がなされていくことになる．シティズンシップが困難な今日の社会にあっても，シティズンシップの存在意義は依然として変わらないのである．

　この点から，持続可能な開発について最後に触れるとすると，すでに見たように，この考え方は，現代の世代と未来の世代のバランスを考慮する考え方に立っている．未来の世代の声はどのように考えることができるだろうか．まだ存在していないがゆえに声を持たず，われわれがその声を考慮することが不可能な，完全なる弱者であると考えることができるだろう．他方で，われわれが，地球を人類が生息可能な環境を維持できない状況にしてしまい，人類が絶滅してしまったとしても，生まれてくることすらできなかった人類が何か苦痛を感

じたりすることもない．未来の世代からの声がわれわれには届かないにせよ，存在はするはずだ，と想定すること自体が間違っている可能性もある．持続可能な開発の議論の理論的な難しさはこうした点にあると思われる．しかし，確実に言えることは，こうした議論が人類社会という共同体の存続という議論に傾き，人格的な要素が排除された形での，人類社会という共同体の存続という発想に変質することに対して，最大限の警戒がなされるべきであるということだ．それは人類社会の存続という名目の下での官僚制的支配の強化であって，こうした状況で懸念されるのは，今生きているわれわれの市民としての声がさらに弱められ，われわれに甚大な犠牲を要求することが可能になるような状況である．持続可能な開発の議論の中で，今を生きる現代世代の個々人の市民としての声が最優先であるという認識が広く共有されていく必要があるだろう．

第7章　地球市民と教育

開発と ESD

　前章では市民意識の醸成の重要性を見てきたが，そのためには学校教育のあり方の変革がひとつの大きな役割を果たすことだろう．本章では，地球レベルの市民教育の議論の変遷を追いかけてみたい．

　かつて（そして今も根本的にはそうであろうが），関税障壁をなるべく低くする自由貿易体制の拡大は，世界各国に経済発展を促し，貧困問題を解決していくシステムとして技術革新と相まって重要視された．それは，自由貿易が盛んになれば，途上国の商品もよく売れるようになり，途上国も自国の生産量を増やすことができ，豊かになっていくであろうという考え方に則っている．1950年代は，南北問題（地球の北半球に多い先進国と南半球に多い発展途上国の経済格差問題）が認知され始め，「権利」や「平和」がそれまでより増して叫ばれはじめた時代であった．そうした背景の下，ジョン・F・ケネディは1960年代を「国連開発の10年」(the United Nations' Decade of Development in 1960) にすることを提案した．「国連開発の10年」の下で，欧米を中心として，自由貿易体制の拡大を推し進めるための経済援助がなされてきたが，結果としては，一般に先進国と発展途上国の経済的な格差はさらに広がってしまった．途上国側からすると，「経済援助が結局は対外債務を増加させる結果となっていることや，GATT による自由貿易体制の拡大が先進国側に有利に働き，途上国側の利益につながっていないことなどに不満を募らせ」（田中治彦「多文化共生社会における ESD・市民教育」，田中治彦，杉村美紀編『多文化共生社会における ESD・市民教育』上智大学出版，2014, p. 82）ることになった．先進国も途上国も経済成長を実現できることを期待して推し進められた自由貿易体制の拡大であったが，実情としては主導している先進国のほうにばかり利益があるようなシステムになってしまっていた．また加

速化するグローバリゼーションが自由市場を拡大させると，必然的に消費が増えるので，天然資源の消費が増大し，また廃棄物の量も増大し，自然環境へのダメージが無視できないものになってしまった．

　以上が「持続可能な開発」という考え方が登場した文脈であることは別の章で説明したとおりであるが，ここではさらにこうした経済援助は，ローカルコミュニティの人間たちのウェルビーイング（肉体面だけではなく精神面を含んだ健康のこと）の低下につながったことにも着目しておきたい．国際的な協調や援助には経済的側面だけが議論され，ウェルビーイングや平等性，ローカルの人間たちの見方といったローカルコミュニティに生きる個々人の精神面・文化面に対する配慮が欠落していた．1978年に日本で『ゆたかさ──開発途上国理解のすすめ』（青年海外協力隊事務局 1978. 田中治彦，三宅隆史，湯本浩之編，『SDGsと開発教育』学文社，2016参照）が発刊され，開発教育協会が設立され，ボランティア，慈善事業の実践がより重要視されるようになっていったのだが，あくまで途上国やローカルコミュニティの問題を理解すること，奉仕すること（理解をすることは当然重要だが，その問題に対する責任は感じておらず，あくまで慈善的な観点から，生活にゆとりのある人間が支援活動をするということである）という視点に留まっていた．また，文化研究的な視点からすると，ここには支援者側の「オリエンタリズム」的な問題があることも指摘できる．ここで言う「オリエンタリズム」とは，エドワード・サイードが議論したものであり，植民地主義時代の西洋人による東洋趣味を範例としつつ，支配する側が支配される側に自らが望む他者のイメージを押し付け，支配される側がそのイメージを演じなければならないような状況を指す．この視角から慈善事業的な性格の強い国際支援を見た場合，支援する側が支援される側に，経済的な自立が不可能で，施しを受けないと生きていけない人間という，支援する側が望む役割を押し付け，その役割を演じ続けることを強要しているという状況が見える．この状況の問題は，本質的に支援する側の都合ですべてが成り立っているということであり，支援される側の本当の声には関心がないし，そのコミュニティの問題解決に対しても根本的に関心がないということである．

　このような開発支援の流れに大きな展開を見せたのが1990年代であった．きっかけとしてあげられるのが1987年の環境と開発における委員会の報告

『我々の共通の未来』（Our Common Future），いわゆるブルントラント報告のなかで「持続可能な開発」（Sustainable Development）という概念が明確化されたことである．報告書の中でグロ・ハーレム・ブルントラントは，まだ生まれていない世代も含めた全ての世代の全ての人間のウェルビーイング，幸福，環境保全，社会的平等を追い求める包括的政策として「持続可能な開発」を定義づける必要があることを示したのである（World Commission on Environment and Development. *Our Common Future*, Oxford University Press, New York, 1987）．これまでの開発支援に対する国際社会の反省が反映された内容になっており，開発支援は自由貿易体制の促進それ自体が目的なのではなく，開発途上国を含めたあらゆる国の人間の貧困対策が目的であるということが明確化された．また，経済成長を促進されれば，消費と生産の強度が高まり，必然的に自然環境へのダメージが大きくなってしまうわけだが，未来の世代のことを考慮すると，開発ないし経済成長のあり方をわれわれの生きる世界が今後も持続可能になる形にしていくことを追求していく必要があるというのは，別の章でも見てきたことである．さらにここで付け加えておきたいことは，持続可能な開発の登場によって，今を生きる開発途上国の人間たちのウェルビーイングもまた重視されるようになったということである．持続可能な開発の概念がより具体的な方向に拡張されたのが1992年のリオデジャネイロでの「国際環境開発会議」（地球サミット）である．そこで具体的な行動計画である「アジェンダ21」が採択された．「アジェンダ21」の目的は気候変動や生物多様性などの環境問題と社会平等や貧困などの経済的問題に取り組むことで持続可能な社会を実現させることにあった．

　その「アジェンダ21」の第36章「教育，人々の認識，訓練の推進」の中で登場したのが「持続可能な開発のための教育（Education for Sustainable Development）」（以下 ESD）であった．「教育は持続可能な開発の促進と，環境問題や開発における問題を解決するための能力の向上にとって不可欠である」とされ，持続可能な開発を実現するための重要な要素として教育がこの時点で認識されたことが分かる．ブルントラント報告の時点で教育の重要性に関する言及はあったが，ESD という言葉が登場したこともあり，教育の役割が注目され始め，それに関する国際会議が立て続けに行われ，1997年のテサロニキ宣言，ハンブルグ成人教育宣言が出されたのだった．環境問題対応に加え，マイノリティの権利の

追求や民主的な社会の実現を目指すといったことがそれぞれ中心課題のひとつ
として明示された。ここで期待されている教育とは、学習者たちの意識を変容
させて、開発途上国の人々のウェルビーイングの問題を含む地球全体の問題を
自分事として捉え、それに対して責任を感じ、より良い地球村づくりに参加を
促していこうとするものであり、地球レベルでの市民教育の形を取る。地球レ
ベルで社会を変えていくための意識・行動の変容を学習者に促すことが教育の
現場で必要視されるようになったのである。

　南北問題を理解するための教育活動である「開発教育」が日本で浸透してい
くのもこの時期であるが、1990年代のこの流れの背景として田中は3つの出来
事をあげている。先ず忘れてはならないことは、ベルリンの壁崩壊によって、
東欧諸国が社会主義から自由主義へと転換されていったことである。国際社会
の関心が「東西問題」(アメリカ合衆国を中心とする自由主義陣営とソビエト連邦を中心
とする社会主義陣営とのイデオロギー対立)から「南北問題」へとシフトしたことで、
国際協力や国際援助の活動が活性化していった。そしてそのことがメディアに
よって報道されることで一般の人たちからも注目されるようになったのであ
る。また第二に、日本の学習指導要領の中で「国際理解」や「国際的視野」「国
際人」といったキーワードが強調されたことがある。後に述べるが、イギリス
で市民教育が活性化していくのもこの時期である。そして第三として、日本で
初めて大量の「外国人労働者」を受け入れたことがあげられる(田中、前掲書, p.
5-6)。この3つの動きは日本国内の国際意識を高め、メディアの影響と共鳴
しながらアジアの開発への問題意識や国際的な協調意識を一般の人たちに浸透
させていった。日本においてはこの展開がまた、教育によって地球規模の問題
に対する市民意識を醸成させるという地球市民教育の必要性を受け入れる素地
を作っていったと見ることもできるだろう。

　2000年代のESDに関する流れについて以下まとめておくと、基本的には
ESDを定着させようとする試みが継続していくという流れになる。2000年9
月にニューヨークで開かれた国連ミレニアム・サミットでは、2001年から2015
年を達成期限とした「ミレニアム開発目標」(Millennium Development Goals:
MDGs)が取りまとめられた。このMDGsが今のSDGsにつながっていくわけ
であるが、8つの目標と21のターゲットが設定されており、環境問題から、目

標2の初等教育の普遍的達成や目標3のジェンダーの平等と女性の地位向上などの社会問題まで，幅広く目標が設定された．リオで行われた「国連環境開発会議」から10年後の2002年,「アジェンダ21」を検証するために開催された「持続可能な開発に関する世界首脳会議」，いわゆるヨハネスブルグ・サミットにおいて日本政府が中心となり，「国連ESDの10年」が提案され，世界首脳会議実施計画に盛り込まれた．その結果，2005年から2014年までを「国連ESDの10年」とする決議案が第57回国連総会にて満場一致で採択された．その後2009年のESD世界会議においてボン宣言が採択され，2012年にはリオデジャネイロで「国連維持可能な開発会議」いわゆる「リオ＋20」（リオサミットから20年ということから）が開催された．「リオ＋20」では2014年以降もESDを推進していくことが盛り込まれた．「国連ESDの10年」の後継プログラムとして2013年に，第37回ユネスコ総会で「持続可能な開発のための教育に関するグローバル・アクション・プログラム」（GAP）が採択された．GAPは2015年から2019年まで実施され，2020年からはさらにその後継枠組みである「ESD for 2030」が実施されている．このようにユネスコは「国連ESDの10年」終了以降も，ESDの推進を継続し，現在に至っている．

SDGs 達成のためのコンピテンシー

2015年9月，国連総会で「持続可能な開発目標」（Sustainable Development Goals, 以下SDGs）が「持続可能な開発のための2030アジェンダ」として，17の目標と169のターゲットというMDGsから大幅に拡張された形で採択された．教育については目標4が対応しており，その中のターゲット4.7において，ESDと地球市民教育が明記されている．ユネスコはこのSDGsの取り組みに沿う形で「教育アジェンダ2030」を主導する役割を担っており，2020年に「持続可能な開発目標のための教育——学習目標」を教育者への手引きとして作成した．この手引きの中でESDはSDGs達成の鍵であることが強調されており，サステナビリティをあらゆる方面で実現するためには，ESDを通じて私たちそれぞれがそのための変革者になる必要があるとされている．ESDはグローバル社会の変革者を育成する教育だということになるが，どのようにそのよう

な変革者を育成するのだろうか．ESD のアプローチは「現在と将来の世代の
ための環境保全，経済的妥当性，および公正な社会について，学習者が十分な
情報を得た上で決定し，責任ある行動をとることができるよう，エンパワーす
るもの」（国際教育科学文化機関（ユネスコ）『持続可能な開発目標のための教育――学習
目標――』，国際教育科学文化機関，2020）だという．したがって，変革者として行
動するためのパワー，すなわち能力を身に着けさせるのが ESD であり，その
能力とは，情報分析に基づく問題の正しい認知，責任感，行動力で構成される
ものと考えられる．ただし，実際に行動をする際には自分が所属するコミュニ
ティの社会的・文化的・経済的・環境的制約を受ける以上，ESD が育成しよ
うとする能力はそれぞれのコミュニティの仕組みに依存したものになる．ESD
の目的は「一人一人が地元地域や地球規模の視点から現在と将来の社会的，文
化的，経済的，および環境的な影響を考慮しつつ，自らの行動を省察する能力
をはぐくむことである．また，一人一人の複雑な状況の中で持続可能な方法で
行動できるよう，エンパワーされるべきである．この方法は，一人一人に新た
な方向に踏み出すことや，持続可能な開発に向けて社会を動かしながら，社会
的・政治的プロセスに参加することを求めるだろう」．社会変容を求めるため
には，国レベルの政治を筆頭に様々なレベルの社会参加・政治参加が必要であ
り，ESD は必然的に自らの市民権・公民権を行使する主権者を育成する教育，
すなわち市民教育としての性格を持つ（さらに言えば，地球規模の問題に対する市民
意識の醸成である以上，それは地球市民教育となる）．

　それぞれのコミュニティの文化環境の中で実際に社会を変えるために必要と
なる能力に違いはあるが，行動の面に焦点を当てると，どのコミュニティに生
きる人間に対しても共通してこういう行動ができる能力は必要と言えるのでは
ないかという発想がある．こうした行動面からの能力の記述をコンピテンシー
と呼ぶ．このことは語学学習のことを思い返すと，わかりやすくなる．昨今は，
CEFR（ヨーロッパ言語共通参照枠）による語学力評価が浸透してきているが，
CEFR もこのコンピテンシーの発想を採用している．たとえば，Ａ１レベルで
あれば，簡単な自己紹介ができるというコンピテンシーを身に着ける必要があ
ると設定されており，まずは自分の名前が言えることが求められる．このとき，
英語の場合は「My name is …」と言うが，フランス語では「Je m' appelle …」

と言う．フランス語のほうは，あえて英語に直訳してみると，「I myself call …」であり，この表現を理解するためには再帰代名詞とその順序（再帰代名詞は動詞の前に来る）に関する文法知識が必要であり，その点で英語よりフランス語のほうが高度な文法知識を要求する．しかしながら，言語によって必要となる知識が異なるものの，こうした知識を用いて何をしているのかということを実際の行動に則して考えてみると，英語にしてもフランス語にしても，自分の名前が言えるかどうかが問題になっているのである．そして，CEFR による評価は，単語や文法知識をどれだけ蓄えたかで評価するのではなく，自分の名前が言えるようになったかどうかという行動の次元で評価するのである．このように実際の行動面での能力の記述をコンピテンシーと呼んでいるわけである．さて，ESD の話題に戻ると，社会変容の実現のために個人にどのようなやり方があり得るかは，所属するコミュニティの文化によって異なってくることだろう．それぞれのコミュニティの中での有効な戦略を考える必要があるわけだが，行動面に焦点を当てる場合，どういうことができるようになるべきかということが議論できないかということであり，それをコンピテンシーで記述するということである．学習目標の中では，「システム思考」「予測的」「規範的」「方略的」「協働」「クリティカル思考」「自己認識」「統合された問題解決型」コンピテンシーが実際にはリストアップされている．そしてこのコンピテンシーの性質については次のように論じられている．

　　サステナビリティ市民は，今日の世界に建設的に，かつ責任をもって取り組むために，いくつかのキー・コンピテンシーを備える必要があるということが，一般に合意されている．コンピテンシーは，多様で複雑な文脈や状況において，一人一人の行動や自己組織化に必要な具体的な特質を表すものである．これは認知，感情，意志，および動機付けの要素を含む．したがって，コンピテンシーとは，知識，能力，スキル，動機，および感情的気質が互いに作用するものである．コンピテンシーは，経験と省察に基づいて，行動を通して習得されるものである．（国際教育科学文化機関，前掲書）

どのコンピテンシーを例にとっても同じことであるが，たとえばシステム思

考コンピテンシーを例にとると，特定の問題に対してシステム思考ができるということは，その問題が生じる背景に関し，様々な要因とその関係性について認知できるということである．この際，問題の種類や性質によって具体的に必要となる知識や能力は異なってくるし，ひとつの能力だけでできているわけでもない．コンピテンシーはこのように「知識，能力，スキル，動機，および感情的気質が互いに作用する」極めて複合的な能力なのであり，逆に言うと，このような複合的な要素がかみ合って機能しない限り，コンピテンシーで記述している行動はなし得ないということである．

　ユネスコが提示するコンピテンシーを習得させることをまじめに考えるのであれば，それぞれのコンピテンシーを精査し，それぞれのどのような知識，能力，スキル，動機，感情的気質で成り立っているかを分解して整理し，それぞれ分解した要素をどのように習得させるかということを検討しなければならない．語学学習の自己紹介であれば，英語の場合は「My name is …」という表現を使えるようになるために必要な単語と文法知識を検討していけば良いだけのことであるが，ESD のコンピテンシーの構成要素を明らかにする作業は極めて困難なものであることが予想されるし，こうしたコンピテンシーの内実は，個人が所属するコミュニティの文化に依存する以上，それぞれの国の教育者が自分たちの生きるコミュニティの現状とその文化を踏まえて，それぞれに答えを出さなければならない性質のものになる．

　したがって，ESD を提唱するユネスコとしては，こうすればこのコンピテンシーが身につくというようなことは言わず，ただ，コンピテンシーの習得にとって明らかにプラスになると見込まれる形式的な要素を要求するにとどまっている．ユネスコは，単独の教科として ESD をみなすのではなくて，包括的にそれぞれの教科が関連するように各コンピテンシーを形成していくように計画されてなくてはならないとする．これさえすれば，それぞれのコンピテンシーが身につくということにはならないにせよ，それぞれの教科での知識習得に対して，環境・社会問題を多角的に認知できるようになるためにそれぞれの知識を活用し，コンピテンシーを高めるという方向性を与えることは可能になる．その際，ひとりの教員は通常ひとつの科目しか担当しておらず，教科横断型の学習の成立のためには，学校の教員が全員で ESD に取り組む必要があるため，

「機関包括型アプローチ」を必然的にユネスコは推奨する．「行動指向の変容的な教育学」もまたユネスコが推進するものであるが，こちらは座学よりも，学習者が主体的にものを考え，行動し経験を得るような仕掛けを作る教育の形態を推進するものである．ただし，繰り返しになるが，これらのアプローチは，コンピテンシーの形成にとってプラスになるという性質のものであって，コンピテンシーの習得を保証するものではない．それぞれのコミュニティの中で実際にコンピテンシーを得るためには，具体的には何が必要かということが，それぞれのコミュニティの現状とその文化に則して検討しなければならないはずである．そして，そのような検討をした場合，ユネスコが提唱しているコンピテンシーのリストがそもそも本当に妥当なのかという懐疑が出てくる可能性は大いにある（日本の学校教育の現実としては，どのコンピテンシーが妥当かということが言えないことを暗黙の前提にし，それぞれの学校の教育理念に適合するコンピテンシーを選択するという慣行が定着しているように見受けられる）．または，ユネスコが言うような，経験に基づいて習得されるような性質をコンピテンシーは本当に持っているのだろうかといったことも精査されるべきであろう．たとえば，社会学者ピエール・ブルデューが提唱した文化資本の考え方に則ると，それぞれの児童の置かれている家庭の文化環境や，学校も含めてまわりの人間たちが与える文化的経験によって，人生における様々な判断に影響を与える経験には格差が生じる．この理屈に従うと，コンピテンシー習得にも文化資本による格差が生じることになるが，コンピテンシーは本当にそのような性質のものなのだろうかといったことである．

　南北問題との関連で考えてみると，開発途上国の人間たちの問題解決能力を高めていくのが ESD であると言えるだろう．他方で，開発支援で外国人がその国に支援に行くような場合について，ESD はどのような視点を提供しているのだろうか．その点に関して，OECD は「グローバル・コンピテンシー」なるものを次のように定義している．

　　地球規模の問題や異文化間の問題をクリティカルに多角的な視点から分析し，差異が自己や他者の知覚，判断，考えにどのように影響するかを理解し，人間の尊厳を尊重するという共通の基盤の上で，異なる背景をもつ他

者とのオープンで適切かつ効果的な交流を行う能力.（国連教育科学文化機関,
前掲書）

　このグローバル・コンピテンシーの記述はおそらく，ふたつの場面を想定し
ている．ひとつは，地球規模の問題を解決するために，文化的背景の異なる人
間たちが協働する場面である．もうひとつは，異文化間の問題が生じる場面で
あり，すなわち，文化的背景が異なる人間同士が近くで共存していること自体
から対立が生じる場面である．こちらについては，たとえば，人権の文化に生
きる人間たちと，キリスト教原理主義の文化に生きる人間たちとの間には，人
工中絶に関する政治的決定に関して対立が起きるといった場面である．開発支
援は前者の場面である．このようなコンピテンシーの定義の「オープンな交流」
という言葉遣いからは，かつての慈善事業的な性格の強い開発支援とは異なり,
支援する側と支援される側という上下関係ではなく，地球規模の問題の解決に
協働して取り組む，対等なパートナーであるという見方が前提にされているよ
うに見受けられる．問題解決に際して，文化的背景が異なる他者は自分のもの
とは対立する考えを持っていることがあり得る．慈善事業的な意味合いの強い
開発支援の場合は，支援する側と支援される側の力関係が働き，支援される側
としては「支援されているだけでもありがたい」，「支援内容に文句など言えな
い」という境遇を強いられ，支援する側に何か物申すことは難しかった．しか
し，グローバル・コンピテンシーが想定している状況の場合，他者の考えを理
解しつつ（そのまま受け入れるということではない），何らかの政治的な力が介入し
ないオープンなコミュニケーションの中で，自分の考えと他者の考えをすり合
わせることになる（自分の考えを他者に納得してもらうという形になったり，あるいは
自分の考えのほうを他者の考えのほうに歩み寄らせる形になったり，色々な形になる可能性
があることだろう）．実際，このようなことができて初めて，問題解決に対して
適切かつ効果的な協働が可能になることだろう.

多文化状況の中のシティズンシップ

　1970年代以降，コミュニケーション手段の多様化，移動手段の向上などによ

り，市場を介した世界の結びつきがますます強まり，グローバル化が急速に加速していった．グローバル化という言葉自体が広がったのもこの時期であり，世界の経済的結びつきの強化に対してひとびとが自覚的になった．人の移動が多くなり，情報通信技術が発展したことで経済的な活動のみならず文化・精神面にも変化が及んだ．その帰結のひとつとして，シティズンシップの「シティ」はもはや，国家というコミュニティに限定されず，われわれはより広範で多様なコミュニティ（EU連合やその他の経済提携など）まである程度実在的なコミュニティとして感じ，所属ないしアイデンティティの多元性をリアルに感じるようになっていった．国家を越えて他者とつながる機会が多くなるにつれて，先ほどのグローバル・コンピテンシーの中で焦点が当てられていた異文化間の問題が生じる頻度が増えていく．グローバル化の進展は異文化間の接触の頻度を高めていく．メディア・テクノロジーの発展は，この傾向を後押しする性質のものだろう．今や，SNSやインターネットといった新たなコミュニケーション技術によって，私たちはグローバルな場にあって，国家や地理的な制約を越えたコミュニティを気軽に作り出すことができるようになっているのである．こうした状況の中で，グローバル化により進展する多文化状況の中でのシティズンシップのあり方を検討する必要が生まれてくるのである．

多文化状況を踏まえた市民教育の最初のものは2000年代のイギリスの市民教育であろう．イギリスでは1997年にデイビッド・ブランケット教育・雇用大臣が「シティズンシップ教育諮問委員会」を設立し，翌年には同委員会がロンドン大学のバーナード・クリックを議長とした報告書 *Education for citizenship and teaching of democracy in schools*，いわゆる「クリック報告」を発表した．この「クリック報告」によって「市民教育」は2002年から全国共通カリキュラムに追加され，中等教育段階で必須科目となっている．この報告の中でシティズンシップを構成する要素は「社会的・道徳的責任」（social and moral responsibility），「コミュニティへの参加」（community involvement），「政治リテラシー」（political literacy）の3点とされている．

まず「社会的・道徳的責任」について見ていくと，これは社会的責任と道徳的責任というふたつのタイプの責任で構成されている．社会的責任とは社会に対する責任であり，社会にとって望ましい行為をする責任がそれぞれの個人に

あるということを言っている（尚，企業も法人という名の一個人としてみなされ，社会的責任を負っているとみなされている．これを「企業の社会的責任（Corporate Social Responsibility）」あるいは CSR と呼び，昨今はそれぞれの企業がそれに応える取り組みを行っている）．社会ないしコミュニティの存続のためには，個人個人が果たしていくべき責任ないし責務があるというのは，前章でも見た通り，古代ギリシャから続くシティズンシップの議論の基本的な前提である．それに対して，道徳的責任のほうは，コミュニティに対してではなく道徳に対する責任である．つまり，自分のよって立つ道徳的価値観に則った決断ないし行動をする責任があるということを言っている．道徳的責任は，シティズンシップが官僚制的支配の単なる道具にならないために重要な要素である．前章で触れたナチスドイツのことを思い返せば，この時代のドイツでドイツ人としての社会的責任を果たすということは，ユダヤ人の大量殺戮に加担することになってしまうのである．自分の所属するコミュニティが誤った方向に進もうとしているのであれば，それを止める道徳的責任がわれわれにはあると考えなければならないだろう．道徳的責任も社会的責任と同様に，シティズンシップを構成する重要な要素であることは疑いえない．

　多文化状況に対応したシティズンシップの要素は「政治リテラシー」である．クリックの基本的な認識として，政治とは「関心や意見がぶつかり合う場」である．そして，そのような場に参加するのに必要なリテラシーが政治リテラシーということになる．コミュニティの中で何かを決めなくてはならないときに，グローバル化によりコミュニティの中の多文化状況が進展すればするほど，文化的背景が異なれば，道徳的価値観にも相違が出やすくなるので，意見のぶつかり合いが先鋭化することだろう．異なる文化的背景の下，異なる政治的，社会的価値観を持つ人間たちとともにコミュニティとしての意思決定をなしていく必要があり，政治リテラシーは必然的に多文化リテラシーとしての性質を帯びる．では，この意見のぶつかり合いの場である政治に参加するためには，どのようなリテラシーが必要なのだろうか．政治リテラシーは「幅広い政治的，社会的価値を理解し，許容することを含む」ものとされる．つまり，異なる文化とそれに紐づく価値観に対して理解に努め，自分の価値観の許容範囲内で許容するというのが，政治リテラシーの多文化リテラシーとしての内容というこ

とになる．コミュニティの中で何かを決めないといけないときに，複数の対立
した意見が出ようとも，結局，何かひとつの意見を採用する必要がある．すべ
ての価値観は平等であるとする価値相対主義は現実には成り立たないし，他者
をいくら尊重するためだからと言って，自分の価値観に根本的に対立する意見
に対して賛成することなどできはしないし，するべきでもない（それは自分自身
の道徳的価値観を適用しないことになり，それは逆に自分の道徳的責任を果たさないことに
なる）．そこで，他者の意見の背景にある価値観を理解したうえで，自分の価
値観からも他者の価値観からも許容可能な意見を模索するというのが政治リテ
ラシーなのである．このようにイギリスのシティズンシップ教育は，グローバ
ル時代の多文化状況におけるシティズンシップのあり方および多文化リテラ
シーに対してひとつの解答を提示している．

　「コミュニティへの参加」にも触れておきたい．われわれは多様なコミュニ
ティに同時に所属している．国家に所属し，地域社会に所属し，会社や学校に
所属している．シティズンシップの「シティ」はそもそも国家を指していたも
のの（人類史において長い期間，都市＝国家だったからである），現代社会において，
国政に対するシティズンシップは大きな困難を抱えていることは前章でも見て
きた通りである．政治参加の実感が得られやすい地域社会がおおよそここでの
「コミュニティへの参加」の「コミュニティ」として想定されているようであ
るが，それはこうした現代の状況を鑑みれば，理にかなっているであろう．し
かし，そうなると，それぞれの地域社会が抱える問題は異なっているので，学
校のある地域の状況に則した教育内容を組み立てていく必要があることにな
る．したがって，このシティズンシップ教育の実際の教育内容は各学校の裁量
に任されており，複雑かつ多様な実践内容となっている．ディスカッションや
ロールプレイ，特定のテーマにおける講演などに加えて，校内のみならず地域
活動の参加も含むものとなっている．

　以上のようなイギリスのシティズンシップ教育は ESD が想定するグローバ
ル・コンピテンシーに数々の示唆を与えていることだろう．

第8章　文化と感情

線引きとしての文化

　われわれが国際的な問題の解決に向けて，地球規模で協働するためには，多文化状況に対応できるシティズンシップが必要となってくる．地球レベルのコミュニティでなくとも，グローバル化の進展により，地域社会のレベルでも多文化状況が生まれてきているので，身近な地域社会のレベルでも多文化状況に対する対応が必要になってきていることだろう．さて，本章では文化に焦点を当て，まず，文化は言葉と密接に関係していることを理解するところから始めたい．

　「文化」という言葉は，定義が難しい．もともと文化は高級文化を指し，文化度が低いとされた大衆とは区別されるエリートの生活を表していた．しかしながら，レイモンド・ウィリアムズによって文化の定義は「生活全般」ということになり，変わっていく儀礼や出来事，大衆の日常までを意味するものに拡大された．文化は特定の物質や嗜好のことを指すものではなく，私たちの生活の実践ないし行動を指すものとなった（とは言え，たとえば，「文化人ですね」という言葉遣いでの文化は高級文化を指しているわけなので，かつての意味もなくなったわけではない）．文化はわれわれの日常全てに関わっていることになる．

　文化は「線引き」の性質を持っている．思考実験として，丸い円を思い浮かべて，そこにその円を貫くように一本の線を引いてみてほしい．円はふたつに分かれて，仮にどちらかを A，どちらかを B と名付けてみる．ここに A と B の線引きが行われ，円がふたつに分割された．さて，そこで何が起こったか，もしくは行われたかを考えてみよう．線によって円はふたつの部分になり，それぞれの部分が A と B に区別されるようになった．線引きは，円に対して新たな意味を与えた．文化はこのような線引きのように，世界の事象に対して何

らかの区別を加えることで意味を与える．しかし，今思い浮かべてもらった円の線は，あくまで任意で，どのように線を引くかは問わなかった．線が絶対にこの場所，この位置で引かれなくてはならなかったことはなく，ふたつがこのような位置ないし割合で分かれた根本的な理由はないということである．この線の引き方は恣意的である．恣意的というのは，この線の引き方が絶対ということではなく，別の引き方もあったということである．

　地球に目を向けてみると，地球上には無数の線が引かれ，分割されている．国境のことである．国境を越えると別の国の領域になり，別の国の法律が適用される．しかし，国境がある場所に直接行ってみると，その場所に目で見て国境とわかるものはなく，土地は連続してつながっている．国境は人間が勝手に定めたもので，自然や土地のほうに何ら根拠はない．自然にとっては，国境は意味をなさないので，国境など何も気にすることなく，風は吹いていくわけであるが，人間は，この境界を自由に越えることはできず，何らかの手続きを必要とする（または踏み越えられないこともある）．そして，この国境をどこにするかで戦争が起きたりするほど，国境は重要なものとなっている．ウクライナ戦争がその例である（ロシアは現状の国境の位置を不満に思っており，国境をもっとウクライナ側に移して，現行ではウクライナの土地となっている部分をロシアのものにしたい）．戦争の火種にもなり得る国境であるが，この線が地球上に引かれたのは，人類史的な視点で見ると，きわめて最近のことである．主権という概念が生まれ，主権国家体制が世界中で受け入れられた結果，それぞれの主権国家がその主権の及ぶ範囲（つまりはその国の法律や政策が及び，他の国の法律や政策が及ばないエリア）を確定させるために，世界中に国境という名の線が引かれることになったのである．国境は主権国家体制に付随する文化なのである．したがって主権国家の登場の前は，このような線は世界に引かれていなかったし，引く理由がなかった．

　日本国内の都道府県に目を向けても同じことである．県境という名で，日本全土が分割されている．しかし，県境に行っても，何か，そこが境界であることを根拠づけるものがあるわけではない．県境であることを示すために，道路標識があるくらいであるが，その道路標識があるのはそこが県境に指定されているからであって，その道路標識があるから，その場所が県境になったわけで

はない．その場所が県境でなければならない絶対的な根拠はないわけだけれども，県境は，県の管轄の違いを示しているので，その県境をまたぐと，利用できる公共サービスなどが変わることになるので，人間の生活にとって意味が大きい線となる．

　大阪の文化，京都の文化というものも考えてみると，より線引きの不思議さ，あるいは恣意性が理解できることだろう．大阪の場合はたこ焼きなどの食文化を思い浮かべるかもしれないし，京都文化の場合は舞妓や寺，祭りなどの伝統文化をイメージするかもしれない．また大阪弁や京都弁といったアクセントの違いも文化の差異と言えるだろう．しかし，その線引きをどこで行っているかを考えると，地図の境界線であるような気がしつつも，そうでもない不思議なものであることに気づく．たこ焼きは京都でも食べるし，京料理のお店は大阪にもあるからである．しかし，食文化などのそれぞれの領域で，何らかの線を引き，こちらを京都，あちらを大阪として意味づけしているのである．しかし，このような線引きでなければならないということに絶対的な根拠はない．文化はそのような恣意的な性質を持っているのである．

　別の章でジェンダーの問題にも触れたが，「男らしさ」や「女らしさ」には絶対的な根拠はない．これも文化の所産である．公共トイレに行く際，青色の入り口のほうを男性用と認識し，赤色を女性用と認識するわけだが，この区別は生物的な男性と女性の違いには何ら関係していない文化である（そして他国においては，必ずしも，青＝男，赤＝女ではない）．男性を青に結び付け，女性を赤に結び付ける絶対的な根拠はない．家事労働を女性に結び付ける絶対的根拠もない．ジェンダーの章でも見たことであるが，その線引きのしかたによって誰かが抑圧されたり，衝突が起きたりすることがあり得，その場合，文化は問題となり，変えるべき，あるいは廃止すべきものになり得る．

文化と言葉と行動の関係

　文化は言葉としての性質を持っている．線を引くのは言葉の基本的な性質である．私たちはあらゆる事象に線を引いて，分割したものそれぞれに名前をつけることで物事を把握している．言葉は現実の認識を作り上げる基本的な人間

の要素なのである．今見ている世界をそのまま考えてみよう．今見えているものは何だろうか．文字や机，電気，手など様々なものが視界に入っていると思うが，それらを認識するときに，重要な役割を果たしているのは言葉であり，それに紐づく線引きである．たとえば，手を例に取ったときに，人間の身体を物理的に見た場合，手と腕の境目はなく，つながっている．しかし，手という言葉が手と腕の間に線を引き，手を腕とは異なる部分として認識させているのである．蛍光灯と天井や，椅子と床など，そこに線引きするのは言葉であって物ではない．

　話す言語が異なると，全く違う世界を見ることになる．たとえば，『ことばと文化』(岩波書店, 1973) の鈴木孝夫が指摘しているように，私たちは言語によって知覚するものが変わってくる．日本語で「水」というとき，多くの人は冷たい水を想像するのではないだろうか．水と聞いてお湯をイメージする人は少ないと思う．しかし，英語ではお湯は hot water であり，直訳すると「熱い水」となる．これはつまり，日本語と英語では水という物質に対する線引きのしかたが異なるということである．日本語の場合は，水という物質を熱い状態と冷たい状態で区別し，線引きし，それに対応して水と湯という言葉が存在しているのである．それに対して，英語の場合は，このふたつの状態の間に線を引かず，区別しない．その結果として，water という言葉しか存在しないのである．このように，日本語と英語を比較した場合に，日本語の場合は水の状態に応じて別の言葉を用意しているが，それは必ずしもそうでなければならないということはないということがわかるだろう．このことを日常生活の知恵に落とし込むと，日本人が海外旅行に行って現地のレストラン等で水を頼んでも，必ずしも冷たい水が運ばれてくるわけではないということに気を付けるべきだということになる．尚，世界を言葉で構築されたものとして把握する考え方は，ソシュールの構造言語学からの影響を受けた構造主義に端を発しているが，ここでは言及だけにとどめたい．重要なことは，人間が世界を言葉によって把握し行動している以上，その行動から生じる文化もまた言語としての性質を帯びるということである．

　文化は言葉の意味によって共有される実践である．文化は，たとえそれがAI によるアイデアだったとしても，人が何かしらの行動をしない限り生まれ

ることはない．その意味で文化は AI 単体では生むことができない．人が AI に操作されて文化を生むことはあり得るが，いずれにせよ，人間による実際の行動があって初めて，文化は生じるのである．われわれは様々な意味を生み出すために意識的，無意識的に日々行動していて，その行動が文化を形成している．そして，是正すべき社会問題を生んでいる文化があれば，その文化を再生産し続けているのは今を生きる人間たちの行動であることを認識しつつ，その行動をいかに変容させるかということを戦略的に考えていく必要がある．

デジタルメディアが生み出す分断の時代

地球村（Global Village）という概念を提唱したのはマーシャル・マクルーハンであるが，彼が予言したように急速なデジタルメディアの普及により世界的なコミュニケーションが可能になった．2000年代に入ってデジタルな空間が日常の環境として浸透したが，それによって，文化の収斂と文化間の分断をわれわれは同時に経験するようになってきている．文化の収斂は，メディアの技術的進歩により，一般的に見られる傾向である．メディアとは情報の伝達媒体一般を指し，人間の音声から，絵画，本，ラジオ，テレビ，デジタルメディアまで，情報を伝えるものすべてを指す．ラジオやテレビといった，大量の人間に同じ情報を伝えるメディアはマスメディアと言われ，日常的にメディアというとこのマスメディアを暗に指していることが多いが，厳密にはその限りではない．それはともかくとして，メディアの技術的進歩は，同じ情報を大量の人間に伝達できるような仕組みとして進歩してきている．同じ情報は同じ日常実践をもたらすので，文化も単一化しやすくなっていく．マスメディアの登場によって，それは劇的に進んでいった．デジタルメディアにおいても基本的にその傾向がある．しかし，他方で，デジタルメディアは欲しい情報を自分で選べ，そして誰もが気軽に情報発信者になれる状況を生み出しており，そのことがマスメディアしか存在しなかった時代とは異なる状況を生み出している．誰もが気軽に情報発信できるようになることで，相互のコミュニケーションが増えることによって合意が生じやすくなるというよりも，ほぼ収斂している文化間の微妙な差異を巡って衝突，分断するという状況が生じやすくなってきているように

見える．新型コロナ感染拡大の渦中の混乱の中で行われた2020年のアメリカ大統領選挙は，双方が自由主義を主張する争いでもあった．具体的には移民推進や人種差別の根絶を目指していく民主党のスタンスと，マスクや経済封鎖を自由の剥奪として主張する共和党のスタンスの衝突であったが，どちらも支持者にとっては民主的な自由と平等の争いとして写っていた．イデオロギー的にはどちらも自由主義あるいはリベラリズムであり，この分断はもはやイデオロギーの衝突としては説明しにくい．イデオロギー的に差異がさほどないのであれば，合理的に考えると，イギリスのシティズンシップ教育の政治リテラシーが想定しているように，コミュニケーションをする中で両者が歩み寄ってお互いにとって合意可能な意思決定に至ることが比較的容易であるはずである．しかし，実際には社会的分断が生じている．この状況をうまく説明できるのは，感情であるように思われる．こうした状況について理解を深めていきたい．

　デジタルメディアは人々の文化的生活の場を著しく変容させてきた．Facebookや X（旧 Twitter），Instagram を通じて，国境を越えて人と人が会話したり，知らない国の現状が生々しく伝達されたり，自分と全く関係のなかった事柄に国境を越えて巻き込まれたり，YouTube に配信された日本の映像が世界中の人に知られるようになったり，不特定多数の人々にローカルな現状を伝えたりすることにより，個々の世界に対する関わり方や，ライフスタイルさえ変わっていくようになった．私たちは，これまでのようなテレビや新聞から情報を受容し，反応するという一方的な流れではなく，自ら情報を得て，発信していく参加型のデジタル情報社会に生きている．ポール・ホドキンソンは，このようなデジタルな時代の特徴を，「集合性」，「相互性」，「可動性」の３つに分けて考えている．「集合性」は，スマートフォンのような機器がインターネットに接続しながら音楽プレーヤーを再生し，そのままゲームをプレイすることを可能にしたように，別個の媒体を集合させたことに関する事柄である．ホドキンソンが言うように，それぞれのコミュニケーションの形式は，ますます連結していく（Hodkinson, Paul, *Media, Culture and Society an introduction*, California: SAGE Publications Inc, 2011, p. 34）．カフェで簡単に映画を観て，その映画内の気になった音楽をすぐに調べ，アーティストの情報を詳細に知ったのちダウンロード，もしくは Amazon で注文し，ビデオクリップを YouTube でみるといったこと

が日常として行われているのである。「相互性」は，XやZoomなどの対話，あるいは事件や事故に対する反応がインターネットを通じて膨大な他者たちとの議論を呼んだり，様々な番組を配信するサイトで出会った人々が全く別のプログラムやイベントを立ち上げたりといった，様々な人々のつながりを生むことに関するものである。そして「可動性」は人々や物，情報などの移動についてのことである。われわれはパソコンなどにある情報を瞬時にノートパソコンやスマートフォンに転送し，大量の音楽ソフトや映像ソフト，連絡リストをどこへでも持っていき，誰とでもそれらのファイルを交換し合うことができるようになった。集合性，相互性，可動性で特徴づけられる情報の多様な流れの中で，私たちが所属する集団内の合意によって形成されるような解釈のプロセスを経ずに，瞬時の身体的反応（文化研究においては情動とされる）や感情によって行動が促されるような状況が作り出されている。また，そうした状況をよく認識し，そこから何らかの利益を得ようとしている人間たちによるフェイクニュースや情報操作もまた頻繁に見かける状況になってきている。

　国際政治学者ドミニク・モイジによれば，今われわれは感情の時代に生きている。感情の時代とはつまり感情がわれわれをコントロールするような時代になったということなのだが，今が感情の時代になっている直接的な要因としてイデオロギーの時代の終焉とメディアの役割を彼は挙げている。

> （…）今日，自分たちが何者なのか，世界における自分たちの居場所，有意義な未来への展望が不確かな人々によるアイデンティティの探求が，イデオロギーに代わって歴史の原動力となっており，その結果，メディアが反響板や拡大鏡の役割を果たす世界では，感情がこれまで以上に重要視されるようになっている。(Moisi, Dominique, *Geopolitics of Emotion: How Cultures of Fear, Humiliation, and Hope Are Reshaping the World*, NY: Anchor Books, 2009, p. 4)

　まずはイデオロギーが歴史の原動力であった時代のことについて触れておくと，それはアメリカ合衆国を中心とする自由主義陣営とソビエト連邦を中心とする社会主義陣営のイデオロギー対立の時代のことである。この時代の場合，アイデンティティは自明であるため，問題になり得なかった。自由主義者か社

会主義者かという二択だった．自由主義のコミュニティと社会主義のコミュニティは両方とも強固なコミュニティだったが，強大な敵の存在が，コミュニティ内の多少の差異は無視して結束を強固なものにするということは，カール・シュミットが『政治的なものの概念』(1932) で議論したことである（たとえば，キリスト教共同体が実質を伴ったコミュニティになったのは，十字軍を送って戦うべき強大な敵としてイスラム教徒が存在してくれたおかげであるという見方を彼は提示している）．しかしながら，ソビエト連邦の崩壊とともに，イデオロギー対立の時代が終わると，社会主義を軸にしたコミュニティが物理的に消滅し，自由主義のコミュニティも強大な敵を失うことで，影響力を失っていくことになる．もはや自由主義が実現してしまった世界の中で，自由主義にそれ以前と同じような「有意義な未来への展望」を見込めなくなったとき，それぞれの地域の人間たちが抱いている感情が文化を形成し政治の新たな原動力になっている，というのがモイジの見立てである（たとえばイスラムの場合は，自分たちは屈辱を受け続けているという感情が，屈辱の文化を形成し，今日の政治の実効的な動力となっていると彼は見ている）．

　イデオロギー対立の時代の終焉以降，強い帰属意識あるいはアイデンティティを自動的にもたらすコミュニティが存在しなくなる．このとき，アイデンティティがどれほど重要かは個人差があるように思われるが，アイデンティティを求めるひとにとっては，帰属意識を寄せるコミュニティを選べる時代となっており，その意味でアイデンティティ探求の時代になっている．2000年代以降，インターネットが急速に普及し，デジタルメディアが日常化することにより，このアイデンティティ探求に拍車をかけることになる．デジタルメディアにより，新しいコミュニティを気軽に探せる時代になった．2000年代以降の世界の政治に大きな影響を与えるようになったのは国家よりも国際的なテロ組織であるが，こうしたテロ組織はデジタルメディアをうまく駆使し，一定の層の人間たちにアイデンティティを与えることに成功したからこそ，力を持った．人間は求めずとも，家族なり学校など，様々なコミュニティに所属させられているものだが，そうしたコミュニティすべてから自分が拒絶されていると感じれば，どうするだろうか．そこから離れ，新しいコミュニティを求めるだろう．そのとき，新しく見つけた避難先がイスラム過激派のような過激組織になってしまうこともあり得ないわけではないだろう．実際，欧米の若者で，国際テロ

組織の構成員になっていった人間にはこのようなケースが多々見られた．モイジ自身は，アルカイダのメンバーで2001年のアメリカ同時多発テロのハイジャック犯のひとりだった若者のケースを引いているが，この若者のケースでは，元々はウォールストリートの頂点での成功を願う若者だったが，社会が自分に居場所を与えないことを恨み，アルカイダのメンバーになっていったのだった．

　そして，メディア，とりわけデジタルメディアの性質のひとつは，それに接する人間の感情の「反響板や拡大鏡」になるということである．モイジ自身はテレビ番組の多様化や，テレビにおいてひとびとの感情が直接的に伝えられる機会が増えていることを挙げているが，おそらくはマスメディアよりもデジタルメディアのほうが人間の感情の「反響板や拡大鏡」としての性質が強いと思われる．デジタルメディアでは，自分が望む情報を探すことができるが，逆に言うと，自分が望まない情報には触れなくて済むという性質がある．様々なレベルがあるにせよ，自分が必ずしも触れることを望んでいない情報ないし内容に強制的に触れさせるテレビのようなマスメディアと比較すると，デジタルメディアの特徴がよくわかるだろう（テレビでもチャンネルを変えることはできるが，デジタルメディアと比べるとはるかに自由度が低い）．しかし，それはまた自らの意見ないし文化を他者のものと比較して見つめなおす，あるいは自らの意見ないし文化を何とか正当化しようとする，あるいは他者との妥協点を模索する，というような機会がデジタルメディアの利用の中では存在しない．自分が望む情報に触れ，それに触発された感情の発露に任せて，自分の情報発信し，あるいは感情そのものを発信する．そして同じ感情を共有する他者がそれに反応し情報発信する．そして，その情報発信に自分がまた触れる．このように，デジタルメディアは自分の意見と感情を肯定し，肥大化していく傾向がある．

　デジタルメディアは情報と感情を極めて迅速に伝達する仕組みを作っていると言えるが，心理学者フリジダらによれば，感情が先立てば先立つほど，情報が正しいかどうかを吟味する態度が失われる傾向がある．政治的プロパガンダはひとびとの理性にではなく感情に訴えかける戦略を取るのが常であるが，たとえば，1994年のルワンダでのジェノサイドの場合は，フツ族のラジオ局が，1959年まで支配階級だったツチ族がまたフツ族を奴隷にしようとしているとし

て，フツ族の恐怖心を煽ることで，フツ族にツチ族のジェノサイド（集団殺戮）を始めさせたのだった．奴隷にされるという恐怖心が，ツチ族がフツ族を奴隷にしようとしているという情報がそもそも正しいのかどうかということを問題にする情報リテラシーの能力よりも勝ってしまうのである．そして「感情によって感化された信条は人々を行動へと突き進め，政治的コンクテクストにおける他者への行動を起こすことを許容するよう刺激する」(Frijda, Nico H. Antony, S.R. Manstead, Sacha Bem, *Emotions and Beliefs: How Feelings Influence Thoughts*, Cambridge University Press, 2000, p. 1) のである．大衆を先導して，何らかの政治的目標を実現したいと考えているような人間の視点に立つと，ラジオはマスメディアであるので，大衆の感情に訴えるのに適した情報発信ができた場合，国内の広範の人間を動かすことが可能になる．ただし，今日においてラジオを利用している人間の数は極めて少なくなっているので，もはや扇動の道具としては活用できないだろう．それに対して，デジタルメディアは，今日の人間のほとんどが活用しているが，マスメディアではないので，すべての人間に同じ感情を共有させることは難しい．国全体の人間を動かすよりも，一部の集団を動かすのに適していることだろう．そして，デジタルメディアは感情の伝達に関して優れたメディアであるので，その集団の行動は確固としたものになることだろう．

　フリジダらの議論に従うと，特定の感情（恐れや怒り等）に感化されて，信じる内容が凝り固まっている人間に，その内容が間違っていることを筋道立てて論理的に説明しようとも，感情が感化している以上，論理的な説得は通用しないということになる．デジタルメディア空間は，人間をこのような状況に置く条件を常に持っている（私もあなたも例外ではない）．こうして，同じ感情を共有した人間たちがネットワークを構築していき，そうではない人間たちとの間には，コミュニケーションが成立しえず，分断あるいは線引きが生じることになる．こうしてデジタル時代および感情の時代に即した文化が成立してくるのである．この文化は，地球規模の課題の解決のために協働しようとする際には，障害のように見える．多文化状況におけるシティズンシップはデジタル時代を迎え，より困難を抱えている．

　とは言え，われわれは，インターネットによって，世界全体の人間たちとつながっているのもまた事実である．持続可能な社会づくりに向けて行動する国

際的なコミュニティを生み出すのにデジタルメディアは活用できないものだろうか．このことを検討しているのは，哲学者アントニオ・ネグリとマイケル・ハートである．彼らはそのようなコミュニティをマルチチュード（multitude）と名付けた．マルチチュードとは，ジェンダー，国籍，人種，エスニシティ等が異なる人間たちが協力しながら行動するコミュニティである．このコミュニティの中の人間たちを結び付けるものは「コモン」（common 共通のもの）であるとされる．このコモンの性質が極めて重要である．多様なバックグラウンドの人間をつなぎとめることのできる紐帯であるコモンとはいったい何なのだろうか．それは，このコミュニティの人間たち全員で協働して作り上げた生産物そのものであるというのが，ネグリとハートの考えである．

　　私たちのコミュニケーション，協働，協力はコモンに基づくだけでなく，
　　拡大するらせん状の関係の中で次にコモンを生産する．（……）情報や知識
　　を扱う人であれば誰でも，他人から受け継いだ共通の知識に頼り，また，
　　新たな共通の知識を生み出す．これは，アイデア，イメージ，感情，関係
　　などの非物質的プロジェクトを生み出す労働すべてに特に当てはまる．
　　（Hardt, Michael, Antonio Negri, *Multitude: War and Democracy in the Age of Empire*,
　　NY: Penguin Press, 2004, pp. xv-xvi）

　コモンは，マルチチュードという名のコミュニティの中の人間たちをつなぐものだが，それはコミュニティの中の人間たちが生み出すものである．こうして生み出されたコモンに基づいてマルチチュードはまた新しいコモンを生み出していくというように，らせん状に拡大していく性質がコモンにはある．コモンには知識やアイデアのような非物質的な生産物が想定されている．物質的な生産物であると，人数が多くなるとシェアできなくなるという問題があるが，非物質的な生産物の場合だと，どれだけ多くの人間が利用しようが，なくなるようなものではないからである．ここで，コモンを具体的にイメージできるように，ネグリとハートが取り上げるのは，コンピュータのプログラマーたちによるオープンソース運動である．現行の高校の教育指導要領では「情報I」の科目が必修化しているので，現行の教育指導要領での教育を受けた人の多くはPython 等のプログラミング言語に触れたことがあるはずである．Python でプ

ログラミングをするときに，たとえばグラフを作りたいと思ったときに，自分でグラフ作成のためのコードを書く必要はなく，ライブラリーからグラフ作成のためのコードを借りてくることになる．あのライブラリーの中に収められているコードはすべて，有志のプログラマーたちが作ってくれたものである．彼らは自分のアイデアを詰め込みながらコードを作成したり改良したりしながら，ライブラリーで公開し，誰もが使えるようにしてくれているのである．そしてライブラリーの進化は常に続いていく．ネグリとハートは，このようなコードがコモンのイメージに適合し，このコードづくりを巡って協働する有志のプログラマーたちがマルチチュードのイメージになるのである．このとき，有志のプログラマーたちはジェンダー，国籍その他も異なるけれども，インターネットを介して協働作業をし，オープンソースのコードを生み出す．そして，このような共同作業とその成果物が彼らをつないでいるのである．つまり，クリエイティブな協働が，属性が異なる人間たちのもつそれぞれの属性を否定せずにつながることを許すコミュニティを生み出せるのであって，インターネットおよびデジタルメディアはそのようなコミュニティづくりを可能にしている側面もあるのである．このような形でのコミュニティづくりが，デジタル時代のグローバル・シティズンシップの成立に向けて重要になってくることだろう．

　2024年にユネスコは『デジタル時代のグローバル・シティズンシップ教育：教員用ガイドライン』を発表し，デジタル・グローバルシティズンシップ・コンピテンシーを提示した．それによると，デジタルメディアを活用する中でシティズンシップを発揮していくためには，情報に基づいた意思決定を行うために，デジタルツールや情報を探し，批判的に評価し，効果的に利用する能力（デジタルリテラシー），デジタル空間における危害から，自分自身や他者を守る能力（デジタル安全とレジリエンス），ICT を通じて社会と公平に関わり，積極的に影響を与える能力（デジタル参加と主体性），個人内および個人間のデジタル交流における感情を認識し，表現する能力（デジタル感情知能），ICT ツールを活用したコンテンツ制作を通して，自己を表現し探究する能力（デジタルの創造性と革新性）が必要とされている．このような能力には，本章で取り上げたデジタル時代の課題への対応を指摘できるものが多い．「デジタル感情知能」は，感情にコントロールされやすい状況への対応であるし，「デジタルの創造性と革

新性」は，デジタル空間を通じた新しいコミュニティづくりのために必要になっ
てくることだろう．では，現実にこうした能力をそれぞれの個人が持つために
は，具体的には何を身に着ける必要があるのかということが，今後はさらに検
討される必要があるだろう．

終　章　グローバルシティズンシップの構築に向けて

共 感 の 差

　2024年の幕開けは，能登半島地震で始まった．１月の第１週が過ぎた時点で
は能登半島地震による死者数は200名ほどに上ると報道されていた（それからも，
数字が残念ながら増え続けたのは周知のとおりである）．この地震の被害を受けた方々
が大変な思いをしているということは当然として，他の地域に住んでいる人間
の多くが体験したことは，地震の救援に向かおうとした海上保安庁の飛行機が
羽田空港で衝突事故を起こしたショッキングなテレビ映像も合わさって，新年
のお祝いの雰囲気が一気に吹き飛んでしまったということだっただろう．著者
自身の個人的な経験としては，同僚たちと新年会をすることになっていたが，
自粛することになった．能登半島の復興には何の意味もない行動であるが，日
本にはこの行動を推奨する文化がある．それは本当に能登半島の人間を気遣っ
ての行動なのか，それとも，どこに潜んでいるかわからない自粛警察を恐れて
の行動なのか．いずれにしても，こうした配慮が必要だった程，能登半島地震
で亡くなった200名の命は日本社会にとって重かったということである．

　他方で，ニュースを見ていると，イスラエルによるガザ侵攻の状況について
の報道も同時にされ，すでに２万人以上の死者が出ているとされていた（こち
らもその後，残念ながら数字が，しかも能登半島とは桁違いに膨らみ続けている．しかも把
握できていない死者もいるはずで，その数も相当なものになるはずである）．能登にして
もパレスチナにしても悲劇が起きていることには変わらないにせよ，死者数で
判断すると，イスラエル侵攻によるガザの死者数は能登半島地震での死者数の
100倍である．しかし，ガザの惨劇に対しては，自粛しなければならないだろ
うかといった話が出ることはない．日本人にとっては，ガザのパレスチナ人
100人の命の価値は，日本人の１人の命の価値にすら匹敵しないということを，

われわれは普段の生活の中で図らずも自粛行動の有無によって示してしまっていることになる．ただ，この数字比較にある種の居心地の悪さを感じるのであれば，それだけわれわれには，すべての人間に生きる権利が平等に与えられているとする人権の価値観もまた間違いなく根付いている証左であるだろう．いずれにせよ，対象の違いによる共感の差があるのが現実である．われわれは自国の国境の外にいる人間に対しては，相対的に共感しづらいのである．国境は，主権国家間を隔てているだけではなく，われわれの共感をも遮断する．

国家の限界と地球市民の必要性

今日の世界は主権国家体制であり，主権国家によって世界は分割されている．主権国家の主権が及ぶ範囲は，国境によって定められる．国境の内側において，その国の政治・経済・社会・文化体制が適用されるが，国境の外側には及ばない．国境の外では，別の国の制度が適用されるのである．それぞれの主権国家が主権を維持するためには，主権国家間の相互的な不干渉の原則が必要となる．こうして，内政不干渉の原則がひとつの国際法規範となっている．そうすると，その国において問題になっていることは，その国が解決すべきであって，他国がその問題にアプローチしようとするのは内政干渉になる．他国が支援できるのは，その国がそれを求めた場合にのみである．しかも，それぞれの国家はリアリスト的な視点を基本的に取るので，つまり自国の国益を追求するので，他国を支援するにしても，それがその国の何らかの国益になる場合に限られる．したがって，ある国に問題が生じていたとして，その国に問題を解決する能力がなかったり，解決しようという意思がなかったりする場合には，基本的にその問題は解決されない．国際社会からも内政不干渉の原則の下，その問題は放置されることになる．貧困問題はその典型である（絶対的貧困の問題の発生エリアはアフリカのサブサハラに集中している）．または，問題が国境を越えた広がりを持つものの場合も，一国の取り組みだけでは解決できず，このような問題も解決されないままにされることが多い．気候変動問題がその代表例である（一国だけで二酸化炭素排出を規制しても問題が解決しない）．息の長い国際問題は，主権国家体制の世界の中では解決されにくいという性質を例外なく持っている．

内政不干渉の原則あるいは国益に行動が縛られる国家は，このような国際問題の解決のために主体的に動くのは難しいことが多い．そこで，国家だけではなく，国際問題の解決のために，国家の枠を越えて草の根レベルで連帯しながら活動する市民，すなわち「地球市民（Global Citizen）」が必要だという見方が登場する．市民は自分の所属する国家の構成員として行動するが，地球市民は国家ではなくグローバルコミュニティの構成員として行動し，このグローバルコミュニティの問題を自分事として捉え解決に向けて発言し行動する存在である．地球市民が国籍を越えて連帯し，国際社会の主要なアクターになっていかない限り，国際問題の解決はなかなか望めないだろう．

共感の障壁

しかし，それは簡単なことではない．まずは国境の外にある事象に対して，われわれ個々人の共感に対する障壁があることが指摘できる．たとえば目の前で人が倒れた時，あなたはどう思うだろうか．著者の経験として，東京の某駅付近を自転車で走っていると，横断歩道で急に倒れて意識を失った女性を見かけたことがある．そうすると，東京のような大都会であっても，ひとは無視するものではなく，それなりに多数の人間が集まって，心配していた（ただし，救命処置の心得がある人間がいなかったらしく，結局，後から駆け付けた著者のほうが救命処置をした．声かけの段階で女性が意識を取り戻したのは幸いなことだった．こうした知識はいつ必要になるかわからないので，適宜復習しておきたいものである）．しかし，目の前でそのようなことが起こらない限り，われわれは倒れた人を心配しようもない．地理的隔たりという要因は大きく，地理的に遠いところの人間たちの声は聞こえにくい．そうしたひとたちの声が対面で聞けることはまずない．頼りはマスメディアであるが，マスメディアがわれわれに伝えるニュースで取り上げられるトピックには常に取捨選択がある．海外ニュースにしても国内ニュースにしても，吸い上げられない声は山ほどある．マスメディア間にも関心の違いはあるし，国内のマスメディアと海外のマスメディアの間では関心の違いがさらに大きい．そして同じトピックでも，その解釈はマスメディアによって変わってくることもある．そうしたメディアの網に引っかからず，われわれの耳に届

くことがない声が世界にはいくらでもある．また，別の観点だが，ニュースでは死者数が多い出来事の場合，死者は数字でしか表現されない．それはまた，そのひとりひとりが異なる人格を持った，かけがえのないひとであったことを思い起こしにくくするものだ．われわれには聞こえていない声が現に存在していることに思いを寄せることの重要性を説く哲学者ヴァルター・ベンヤミンの『歴史の概念について』（1940）の一節を引いておきたい．「実際また，かつて在りし人びとの周りに漂っていた空気のそよぎが，私たち自身にそっと触れてはいないだろうか．私たちが耳を傾けるさまざまな声のなかに，いまでは沈黙してしまっている声の谺が混じってはいないだろうか」（Benjamin, Walter, *Gesammelte Schriften*, Band 1, Frankfurt am Main: Suhrkamp Verlag, 1991.）．

　さて，幸いにして，そうした声がわれわれの耳に届いたとしても，まだ別の障壁がある．国境が主権の及ぶ範囲を制限しているということは，同時に文化が及ぶ範囲も同時に規定している．つまり，国境の外にはわれわれのものとは異なる文化が存在する．したがって，それぞれの文化とそれと結びついている価値観を尊重するのであれば，われわれの価値観を国境の外に適用するのは暴力的なことであって，避けたほうが良いという考え方になりやすい．文化相対主義と呼ばれる立場がこのような考え方を取る．しかし，「われわれの目からすると人権問題だと思うが，あちらにはあちらの価値観があるから，その価値観を尊重するなら，われわれの側からは何も言えない」というような姿勢になると，われわれは問題を問題と認知できなくなる．

　ただし，他のコミュニティの文化を尊重しようという文化相対主義の立場に立たずとも，自分の所属するコミュニティの外の人間に，自分たちと同じ価値観を当てはめないのを当然視するのは，よく見られる現象である．前章で取り上げた，基本的人権のリストを作り上げたジョン・ロックにしても，自分が想定した人権が奴隷にも適用されることを想定していなかったし，人権が奴隷に適用されないことが不当だと考える節もなかった．奴隷を自分と同じ人間と思っていなかったから，すなわち自分と同じコミュニティの中の構成員と思っていなかったから，としか説明しようがない．これは過去だけの話ではなく，今日でもわれわれの価値適用の範囲外にされているものはある．たとえば，2023年から起きているパレスチナの状況はそうである．イスラエル軍によるパ

終　章　グローバルシティズンシップの構築に向けて　*149*

レスチナ・ガザの非戦闘員の大量殺戮は（これは，SDGs でも指標16.1.2「10万人当たりの紛争関連の死者の数（性別，年齢，原因別）」から判断されるべき事項に該当する），国際法で禁じられているジェノサイドに該当するにもかかわらず（2024年11月21日に国際刑事裁判所がイスラエルのベンヤミン・ネタニヤフ首相とヨアフ・ギャラント前国防相に対し，人道に対する罪と戦争犯罪の容疑で逮捕状を発行し，2023年からイスラエルがパレスチナになしてきた行為がジェノサイドであるということが国際的な認識として確定することになった．ただし，そもそも，このような侵攻より以前の2006年頃から，イスラエルはガザ地区を封鎖して人や物の行き来を制限し，電気不足にし，汚水処理ができず安全な水にアクセスできない状況も作り上げてきており，その時点からすでに，一民族の根絶やしの意図があり，すなわちジェノサイドを試みてきたと見るべきである．そしてこれは，SDGs でも，指標16.1.1「10万人当たりの意図的な殺人行為による犠牲者の数（性別，年齢別）」から判断されるべき事項に該当する），パレスチナの人間には人権が適用されないという態度を，アメリカ合衆国を中心とする欧米諸国は事実上，取っている．または，エシカル消費に関する章で触れたことであるが，「われわれ日本人が安くチョコレートを買えるならば，われわれとは異なるコミュニティであるガーナとコートジボワールの児童労働問題はどうでもよい」という考え方は，ガーナとコートジボワールの子供たちに自分たちの人権の価値観を適用しないことによってのみ成り立つ．自分のコミュニティの外の人間に，自分たちの価値観を適用しない傾向は，しかし，主権国家で分割された世界では間違いなく助長されやすい．国際問題の解決には，自分たちの価値観を，国境の外にも適用していく必要がある．それを，世界あるいは地球をひとつのコミュニティと見立て，国が違えども，同じコミュニティの中なので，同じ価値観を適用していくという態度を作り出すのが，地球市民としてのアイデンティティということになる．

　また時に，市民意識もまた，国家というコミュニティの外の他者への共感の阻害要因となり得る．市民意識は，コミュニティの全員のことを配慮するものであるが，それはコミュニティの内側の人間を配慮するのであって，外側の人間に対してではない．仮にコミュニティの内側の人間の利益と外側の人間の利益が天秤にかけられるような状況が生じた場合には，内側の人間の利益を優先すべきだと主張することになるだろう．たとえば，政府が日本の貧困対策に充てる予定だった予算を，アフリカの貧困対策支援に回した，ということがあれ

ば，それは優先順位が違うのではないかと感じるのではないだろうか．市民意識は，外国人より自国民を優先するのである．このように，市民意識と，地球全体をひとつのコミュニティと見る地球市民意識では対立する状況があり得るということである．ただし，このような天秤にかけるような言葉は合理的でないものがほとんどで（つまり，比較対象が妥当ではない），おおよそ何らかの政治的扇動を意図したものであることが多いことに注意が必要である．予算について言えば，予算の項目は数多くあるのであって，この予算をあちらの予算に回した等，明確には言えないものである．「海外にお金をバラまくより国民にお金を使うべきだ」と主張する方には，まずはお金の数字の桁に注意することと（つまりたとえば，1万円からすれば，100円は無きに等しいということである），国家予算の中でも桁が大きい使途について注目してみることを勧めたい．納得しがたい血税の使途は他にも数々散見されることに気づくはずだ．

行動を起こせる状況が整っているか否か

　以上のような共感の障壁を乗り越えて，自分が所属するグローバルコミュニティの問題と捉え，その構成員として問題にアプローチをしようと思ったとして，その次は，実際の行動の次元での問題にわれわれは直面する．つまり，実際のところ，われわれに何ができるのか，ということである．問題によって，そしてその問題を取り巻く状況によって，取るべき行動が変わるし，その負荷も異なる．たとえば，ガーナとコートジボワールの児童労働問題を再び取り上げよう．今でこそ，フェアトレードに取り組む企業が増えて，われわれ消費者側に，エシカル消費による児童労働問題の解消に向けて貢献することが可能になっている．しかしながら，ほんの数年前には，スーパーマーケットのチョコレートコーナーにフェアトレード商品を見つけることは至難の業だった．たとえば，著者が大学生であった2000年代の状況を考えてみたい．その当時，ガーナとコートジボワールの児童労働問題を自分事として捉え，解決のための行動をしようとした大学生はどうしたのだろうか．おそらくはほとんどの人が何かしたいけれども，何もしようがないと諦めたのだろう．そして，この児童労働問題の解消が自分の使命だと覚悟を決めた人間だけが，国際開発支援系の

終 章 グローバルシティズンシップの構築に向けて *151*

NGO 等に就職し，ガーナやコートジボワールの現地に赴いて，学校づくり等の事業に身を投じたのだろう．しかし，これは，この問題に自分の人生を捧げる覚悟がある人間にしかできないことである（しかし，おそらくは，このような人たちは，自分の仕事が誰かのためになっているということを日々実感しながら働けている幸せな方々であることだろう）．このような，著者が大学生の頃だった状況と比べると，フェアトレードという仕組みを企業が生み出してくれたおかげで，今は，児童労働問題に対して，国際開発支援系の NGO で働くという負荷の高い行動だけではなく，フェアトレードのチョコレートを購入するという負荷が低い行動で解決に貢献できるようになっているのである．このように状況がすでに整っている場合には，行動に対する負荷は小さい．

行動の負荷が大きい場合

ただ，そうではない場合はどうか．たとえば，パレスチナはどうか．著者がパレスチナの状況などに触れるとき，時々思い出すのは，レイチェル・コリーというアメリカ人女性のことである．彼女は大学を卒業して，パレスチナに赴き，パレスチナ人を守るためのボランティア活動を始めた．彼女のことを著者が初めて知ったのは大学生の時だ．自分と同世代の人間で，このような勇気ある活動をする人間がいるものなのかと感嘆したものだった．彼女はアメリカ人なのでイスラエル軍は自分を攻撃対象にできず，パレスチナ人の前に立てばパレスチナ人を守る「人間の盾」になれるということを計算に入れた活動家だった（著者はこのとき初めて「人間の盾（human shield）」という言葉を知ったが，後に，国際法上の通常の用法とは異なる言葉の用法だと知った）．そしてほどなくして，彼女のニュースに再び触れることになり，それは彼女の死だった．彼女は，パレスチナ人の民家を守ろうとして，イスラエル軍のブルドーザーの前に立ち塞がったところ，ひき殺されたのだった．2003年のことだった．パレスチナ人をひとりでも多く救いたいと思い，行動を起こした人間の一生はこうして一瞬にして閉じることになった（著者は当時，当然ショックを受けた）．彼女は自分の命でもってイスラエル軍が国際法規範を無視し，アメリカ合衆国をも恐れぬ軍隊であることを世界に知らしめることになった．そして，外国人がパレスチナの状況改善

に有効な行動をすることの難しさもまた教えるものだった.

　自国にいて，できることはあるのだろうか. あまり選択肢はない. しかるべき団体に寄付をするというのは，どの国際問題にも通用する有効策ではあるが，お金がないことにはそのようなことはできない（何かしらでビジネス的に成功し，大金を得て，そのお金を国際問題の解決を事業とするNGO等に寄付するような人間こそが，実効的には，最も国際問題の解決に貢献している地球市民であるかもしれない）. われわれが有効な行動がとれる状況が整っていない国際問題に対して一般的に言えることだが，新しいアイデア，新しいアプローチの登場が常に待たれるところである. イスラエルのガザ侵攻後の2024年には，「FREE GAZA（ガザを開放せよ）」をスローガンとするデモンストレーションが活発となった. アメリカの大学ではこのようなデモが盛んであることは報道の通りであるし，著者自身の経験としては，フランスでも，大学でも街中でもそのようなデモに何度も遭遇した. デモは自国にいてもできることではある. ただ，問題解決に対して即効性はない. デモは基本的に，自国の不特定多数の人間に対して，自分の感情を表明し，共感を生み出そうとする市民的行動である. あくまで自国の人間にメッセージを伝える行動なので，本来は自国の問題へのアプローチとしてのほうが有効である. またデモの重要な特徴としては，具体的に誰かに何かをすることを要求するものではないということである. 具体的に誰かに何かをしてもらうことがすでに念頭にあるのであれば，デモをするのではなく，その誰かに面会依頼等をし，具体的な提案をするアプローチを取るはずである. たとえば，人権デューデリジェンスの観点に訴えて，自国企業及び政府にイスラエルとの商取引の停止の提案をするといったことである. 問題解決に有効な行動が思いつかないものの，問題を放置できないという感情が強い場合，デモという行動として形を取ることが多い. これもまた，意味がないわけではない. 政治家は，選挙の観点から市民の声には敏感であるし（そういう意味では，イスラエルの軍事支援をしているのはアメリカなので，アメリカの政治家に影響を与え得るアメリカの大学生のデモは，他の国のデモと比較すると，相対的に有効性が高い），問題を知らなかった市民にしてみれば，問題を認知する機会にもなる. 年数をかければ，政治的な大きなうねりになっていくことはあり得る. ただ，国際問題の場合は，海外にまで，そうしたうねりが波及していくのを待つ必要があり，より時間がかかることだろう.

終　章　グローバルシティズンシップの構築に向けて　*153*

　参考事例として，18世紀の奴隷解放運動においてクエーカー教徒の初期の活動家のひとりとして知られるベンジャミン・レイを取り上げることとすると，彼は当時イギリスの植民地であったアメリカのフィラデルフィアのクエーカー教徒のコミュニティの中で極めて過激なデモをする活動家であり，1732年にフィラデルフィアに移り住んでから死ぬまでの27年間，奴隷解放のデモ活動を続けた．奴隷所有が当然視される時代にあって，彼はクエーカー教徒のコミュニティから破門されたりしたが，彼の主張は少しずつコミュニティの中に浸透していき，彼が死ぬ1年前の1758年にはフィラデルフィアのクエーカー教徒のコミュニティの決定として，奴隷売買が禁止となった（ただし，所有禁止は彼の死後のことだった）．時間はかかれども，当初はほとんどの人間に理解されなかったとしても，粘り強くデモ活動を継続することによって，コミュニティの中の人間の共感を生んでいき，政治を動かすことは可能であるということをこの事例は示している．

　ただし，継続するには強い信念が必要であることは間違いない．彼は活動を始めて26年目にして初めて，活動の成果を目に見える形で受け取れたわけであるが，それまでは，そのようなものもなく活動を維持してきたわけである．活動の成果が得られるかどうかにかかわらず，その活動そのものが正しいからこそやるという態度でないと，これほど長い期間にわたって活動を継続することはできない．このことは，現代倫理学で言う「正しいこと」と「良いこと」の違いで説明するとわかりやすいかもしれない．現代倫理学はカント以後の倫理学を指すが，カントは，倫理学に誰しもに妥当する義務を明らかにするものという性格を与えた．一般的に，「正しいこと」はそのような義務に関する事柄を指すものとし，それとは別に「良いこと」は，やる義務はないのだけれども，人間の善性を示す行為を指すものとされるようになった（とは言え，これだけ一般的な表現であると，色々な人がそれぞれ違う意味で使うものなので，この限りではないとも付け加えておく）．そして，ここで問われるべきことは，その行為が自分にとって「正しいこと」なのか，すなわち，自分にやるべき義務があることなのか，それとも「良いこと」なのか，すなわち，やる義務はないけれども誰かのためにしてあげる慈善行為なのかということである．「正しいこと」であるならば，それをやる義務であるため，何があろうと，その行為をすることであろう．し

かし，「良いこと」は何かしらの精神的な報酬がないことには継続はできない．「良いこと」は必ずしもやる義務がないので，やるには別の理由が必要である．他の人が喜んでくれることを期待して始めた「良いこと」は，他の人が喜んでもらえなかったら，続ける理由がないので，やめるということである．デモのように，短期間で報酬が得られない行動は，その行動を本当に「正しいこと」と本人が思っているかどうか，単に「良いこと」をしようと思っているだけに過ぎないのか，という本人の意思の深い部分が問われることになる．自分が「正しいこと」をしていると了解していない限り，何年もその行動を継続することはできない．われわれが有効な行動がとれる状況が整っておらず，問題解決への行動の負荷が大きい場合，問題解決が慈善の問題ではなく，どこまで正義の問題であるかが自分の中で否応なしに問われることになる．

教育の重要性

　ここまで，地球市民とは何か，そして地球市民として行動するのに際してどのような障壁があるのかを見てきた．繰り返しになるが，地球市民は，地球上全ての国家を含みこんでひとつのグローバルコミュニティが存在していることを前提としつつ，そのコミュニティの問題である国際問題を，そのコミュニティの構成員として自分事として捉え，解決のために行動する市民である．さて，そのような地球市民の数は，どのように増やしていけば良いのだろうか．国連を中心にした国際社会の回答としては，それは教育である．教育の方向性を知識偏重あるいは規律訓練の方向から変えていくことにより，地球市民のアイデンティティを持った人間たちを増やしていこうということである．地球市民を育成する教育を「地球市民教育（Global Citizenship Education: GCED）」とし，国連の教育機関であるユネスコが2011年から提唱し始め，2015年の SDGs でも，ESD（Education for Sustainable Development 持続可能な開発のための教育）とともにターゲット4.7の中に含まれている．そして日本においても現在，文部科学省が（ESD の陰に隠れがちではあるが）ESD とともに推進している．
　GCED は，認知領域・社会情動領域・行動領域の三領域から構築された教育である（ESD も同じで，実践的には ESD と GCED の間で違いはほとんど出ないものと

思われる）．認知領域では，それぞれの科目学習の中で習得する知識を，国際問題と結びつけることで，国際問題を認識するための知識学習になるように工夫し，社会情動領域では，人権の価値観を学習しつつ，グローバルコミュニティの問題である国際問題を自分事と捉えられるように，人類社会全体あるいはグローバルコミュニティへの所属意識を高めるように（この所属意識は ESD では強調されない部分であると思われるが，ESD においても国際問題へのアプローチを考える際には本当は抜きにはできない部分である）教育を工夫し，行動領域においては，問題解決のための実際の行動を起こすのに必要な技能を習得できるような教育の工夫をする，というものになる（詳しくはたとえば，UNESCO, *Global Citizenship Education Topics and Learning Objectives*, 2015を参照のこと）．認知領域の学習の重要性は言うまでもないだろう．まずは問題を認識できなければ，何も始まらない．そして問題を問題と認識するためには，間違いなく知識が必要である．これは，学校での勉強を勉強のための勉強（あるいはテストのための勉強，入試のための勉強）にするのではなく，実社会の問題解決に役立てられるように知識を学ぶ勉強へと方向付けしていくことにつながる．しかし，問題が認識できたところで，その問題解決の責任は自分にあると思わない限り，人は行動には移らない．そこで，社会情動領域の学びが必要となる．問題を問題として認知する上で重要な価値観である人権を学びつつ，国際問題を自分の所属しているコミュニティの問題として認知するためには，国家よりも大きいグローバルコミュニティに所属しているという感覚を養っていく必要がある．そして，実際に行動するためには，それに伴って必要となる技能を予め身に着けておく必要がある．これが行動領域での学びである．この領域では，協働力やコミュニケーション能力といった非認知能力（学力とは違って，テスト等によって習熟度を数値化するのが難しいとされる能力のことを指す）が，問題解決のために実際に行動するときに必要な能力として位置づけられることが多い．

　このような教育の意義を考えた場合，まずは国際問題の存在を知ることができるというのは大きな意義であろう．学校教育とは，大半の人間にとって，まず自分であったら調べようとも思わない事柄（しかし，普遍的に重要と思われる事柄）を強制的に学ばせる場であり，そのような場で国際問題を取り扱うのは，個々人の共感力の限界に対する有効な手段のひとつであると言えるだろう．ただし，

知識を実社会の理解に活用できるということは，知識を学習者が自分の道具として活用できるほど深く理解しているということを意味する．したがって，今の日本の学校教育のようになるべく多くの知識を総花的に詰め込むことに専心し，それぞれの知識の習熟度には関心を寄せないあり方（学習者からすれば，丸暗記が最適解になる）から，ひとつひとつ知識の理解を深めることに時間を割く方向（必然的に，教える知識は，今よりも選抜して減らされるべきということになるだろう）への教育の転換を求めているものになる．

　三領域を比べた場合，問題解決の観点からは，明らかに認知領域が一番重要である．というのも，問題を正しく認知できなければ，問題解決につながる行動ができず，場合によっては，無意味なだけではなく有害な行動にすらなり得るからである．自然災害の被災地にいる被災者たちの問題が精神面の問題だと認知するのであれば，たとえば，縁起が良くなるとされる千羽鶴を送るという行動につながる．しかし，本当の問題が生活物資の不足であるとすると，千羽鶴は無意味であり，被災者側にその処分の作業が発生する点では有害ですらある（世に言う「ありがた迷惑」というものである）．問題解決に対してマイナスであるなら，問題解決のためには，行動がないほうがましである．三領域のうち，社会感情領域や行動領域が不備である場合，行動が発生しないだけであるが，認知領域の不備は問題解決を妨げる行動を生み出すリスクがある分だけさらに重大である．

　ただこの三領域の中で，認知領域に関わる部分については，少なくとも方向性については，さほど異論が出ないものと思われる．それに対して，社会情動領域と行動領域については，方向性そのものも含めて，さらなる理論的な議論が必要であるように思われる．

社会情動領域の論点

　社会情動領域においては，グローバルコミュニティへの所属意識を醸成することが求められているが，それはどのように可能なのか，それはどのようなものであるべきなのか，そもそも良いことなのか，といった議論がさらになされてしかるべきである．グローバルコミュニティは国民国家よりサイズの大きい

終　章　グローバルシティズンシップの構築に向けて　*157*

コミュニティになるが，そもそも国民国家というコミュニティがすでに人類の
歴史上，極めてサイズが大きいコミュニティになっている．ナショナリズムは
近現代の現象である．今日の日本人は，いまだかつて会ったこともなく今後も
会うこともない日本人を同胞だと感じ，オリンピックがあれば，自国の代表選
手を応援したりしているが，たとえば，150年以上前の日本人が，自分が一度
も直接会ったことのない人間が同じコミュニティのメンバーだと感じるのは不
可能なことだった．国民国家の登場（18世紀末）までは，都市国家（city-state）
が世界中で最もポピュラーな国家形態だったが，都市国家のサイズは国民国家
のサイズよりはるかに小さく，市民の間に人間関係が存在し得る人口規模で
あった．まったく知らない人間を同胞・仲間と思うのは，本来は難しいことで
ある（ヨーロッパにおいて大都市が成立した際，鉄道の車内等で隣り合わせる見知らぬ人間
たちが自分を襲う犯罪者かもしれないと感じる恐怖が，探偵小説というジャンルの成立の源
泉になったという事情をベンヤミンが『ボードレールにおける第二帝政期のパリ』(1938)
(Benjamin, Walter, *Gesammelte Schriften*, Band 1, 1991) で論じている）．しかし，国民
国家はそれを成し遂げている．そのような状況は技術によって生み出されたと
見るのが，ベネディクト・アンダーソンである．具体的には，出版と印刷の技
術の登場である．日刊紙等の登場によって，カレンダーや時間や言語の標準化
がなされていき，知らない人間同士でも同じ共同体に所属しているという感覚
を持てるようになったのである（Anderson, Benedict, *Imagined Community. Reflection
on the Origine and Spread of Nationalism*, London: Verso, 1983）．または，そのコミュ
ニティ独自の歴史を描けて（あるいは捏造できて），それを共有できるかどうかが
重要と見る，アンソニー・スミスのような主張もある（Smith, Anthony, D.,
National Identity, Penguin, 1991）．いずれにせよ，国民国家レベルの規模のコミュ
ニティの人間たちに所属意識を持たせるにあたっては，人間関係による結びつ
きだけではもはや不十分であり，そこに言語なり歴史なり，ナショナルアイデ
ンティティを構築するためのしかけが必要であるということである．

　では，グローバルコミュニティのアイデンティティは何で生み出すことが可
能なのだろうか．人権という文化を共有するコミュニティということになるの
だろうか．そうであるとするなら，世界のどこに行っても，すべての人間の中
に人権という文化が根付いているというイメージが全人類の間で共有されてい

なければならないだろう（学校教育では，単に口で教えるだけではなく，校則を見直したり，学生・児童自身に，自分たちの生活に関係する事柄の意思決定にもっと参与させたりする等,日々の実践の中で示していく必要が必ずある）．しかし，それが実現したとして，人権の文化で，グローバルコミュニティをなにがしかの実質性を備えたコミュニティとして想像することが本当に可能になるのだろうか．いずれにしても，その点が地球市民を巡る議論では必ずしも明言されないところである．

　しかし，世界政府のような法的な形は取らずとも，ある程度は実質性を備えたグローバルコミュニティが想像されるようにならない限りは，国際問題は自分の所属するコミュニティの問題ではなく，他所のコミュニティの問題ということになるので，自分事にはなり得ない．このとき，国際問題は他所のコミュニティの問題なので，解決しようとする義務はないけれども，余裕があればやるといった善行で対処されるべき問題という扱いにとどまり続けることになるだろう．「良いこと」より「正しいこと」をするほうが優先されるので，自分の所属する国家の中にある問題への対処のほうが，自分事として優先されることになる．しかし，実質性を伴ったグローバルコミュニティができたらできたで，国民国家体制が存在している中で，（持続可能な開発における現代世代と未来世代の対立のケースと同じタイプの議論になる）何らかの限られた資源の分配に関する論点になるととりわけ，市民意識と地球市民意識の対立が先鋭化する場面が多くなることだろう．以上のようなことに関する議論がさらに深められていくべきである．

行動領域の論点

　行動領域について言えば，社会感情領域の学習が成功して気持ちが高まったとしても，行動を起こすための能力が備わっていなければ，現実に行動を起こせないということに対応するための学習領域である．学力とは区別される非認知能力や汎用的な能力（generic skills）の多くがこの領域にカテゴライズされる．しかし，行動を起こすのに本当に必要な能力は何なのか，さらにその能力の内実は一体何なのか，そしてそのような能力があるとして，ではどのように習得させるのかについては，さらなる精査が必要であろう．行動を起こすのに本当

に必要な能力は何なのかということについて、たとえば、コミュニケーション能力を見ていくとすると、多くの人間に自分の主張を伝え、また相手からの応答を理解するためにはコミュニケーション能力が必要のため、行動を起こすのに必要な能力のひとつとして見るのはおかしなことではないだろう。しかし、この能力の内実は一体何なのだろうか。単純に情報交換の能力と見るのであれば、これは単なる言語能力となり、認知領域で学習される能力となる。外国人との連帯を考えるのであれば、外国語の知識が必要となる。GCED は ICT の活用もまた積極的に推進しており、「インターネットや現代的なコミュニケーション手段の活用」(UNESCO, *Global Citizenship Education: Preparing learners for the challenges of the 21st century*, 2014, p. 37) もまたコミュニケーション能力の一部として見ることができる。外国語能力に関して ICT 活用を前提にしたものにするのであれば、ICT 活用の習熟のほうが問われることになるが、こちらもまた認知領域の学習となる。さらに、たとえば、貧困問題に対応するためにコミュニケーション能力が必要ということになれば、経済学の知識なしには合理的な議論しにくくなるので、経済学の知識の習得が必要になるが、これもまた認知領域にカテゴライズされる能力である。こうした認知領域の要素とは別のコミュニケーション能力とは何だろうか。相手の意見に対してネガティブなことを言わないようにしたり、相手の話を最後まで聞いたり、相手が言語化しないメッセージをうまくくみ取ったりする力であろうか。これはたしかに非認知能力であろう。相手の気持ちを尊重しているという姿勢を示すには良いテクニックなのかもしれない。しかし、たとえば、相手の話を最後まで聞くことをある種のルールとして捉え、このルールを守らない人間に対して不快に感じて、こうした人間とはコミュニケーションができないということになれば、コミュニケーションができる相手が限られ、むしろコミュニケーション能力が低いということになってしまうだろう。または、先ほど言及したベンジャミン・レイのような人間が、奴隷所有は当たり前と思っている人間たちに対してネガティブなことを言わないようにするのであれば、奴隷解放運動などできやしない。こうした能力が本当に行動を起こすのに役立つかどうかはケースバイケースとしか言いようがない。問題解決に際して、その問題を取り巻く具体的な状況を精査した上で、必要な能力は何かを検討しない限りは、妥当な見解は出てこない

ものと思われる．また，そのように特定された能力の内実を分析して，より細かい能力に分解して同定していく必要がある．そして，非認知能力とされているものの，要はその中身が明確にできていないだけで，本当は認知的な能力の集合体であると分析できる可能性が高い．

このような理論的な研究がなされないまま，非認知能力ないし汎用的能力の育成が推奨されているのが，今日の日本の学校教育の状況である．現状の学校教育では，科目学習の中で学習者の主体的な学びを促すとともに，たとえば，ディスカッションをすることで，インプットした知識をアウトプットしたことで，その知識の理解を深めることができるとしつつ，ディスカッションの中で意思疎通をすることで，コミュニケーション能力といった汎用的能力も育成できているとみなす．2012年の中央教育審議会答申「新たな未来を築くための大学教育の質的転換に向けて――生涯学び続け，主体的に考える力を育成する大学へ――」は，知識習熟と（グローバル人材に必要な）汎用的能力の習得を同時に実現できる教授法として，アクティブラーニングの推進を謳い上げるものだった．しかし，ディスカッションをしてコミュニケーションをする機会を与えたら，ひとはコミュニケーション能力を習得するものなのだろうか．言うなれば，「英語のコミュニケーション能力を身につけさせるために，学習者をニューヨークに連れて行きます．英語の学習歴はなくとも，ニューヨークでは英語を話す機会があるから，英語のコミュニケーション能力が身につきます」と言っているのに等しい．学習者が知識の理解を段階的に深めていく学習プロセスを意識して教育を組み立てていくことを通常は常識とする教育学的な観点からすると，本来は受け入れがたい議論であるはずである．このように，この領域は理論的な研究がまだまだ進んでおらず，それにもかかわらず教育業界の政治だけが先行しているような由々しき現状がある．

ここまで見てきたように，地球市民教育には課題がそれなりにある．しかし，われわれが生きる世界には課題が山積していて，それは間違いなく，われわれが対処することが求められるものである．SDGsが表現している地球レベルの課題に応えていく地球市民の必要性と，それに応じた教育の転換の必要性は言を俟たない．本書もまた地球市民教育の一部として少しでも機能をするのを願うばかりである．

あ と が き

　本書は，大学の講義の教科書として活用することを基本的に想定して執筆されたものである．とは言え，大学生以外の一般の方々の興味関心にも広く応えたいということも念頭に置いて執筆した．本書は SDGs の根本的な考え方の部分から，SDGs が提示する様々な環境・社会問題，そして，そうした問題の解決のために行動する地球市民のあり方に光を当てている．

　ここで，著者である影浦と辰巳は，SDGs の専門家というわけではないことを断っておかなければならない．影浦の専門は哲学・倫理学，辰巳は文化研究・メディア学である．ただし，そもそも SDGs の多岐に渡る問題すべてに対する専門家など，この世に誰一人として存在しないだろう．SDGs が示す通り，人類がここ200年で築き上げてきた生活様式を維持できなくする甚大な問題が，今の世界には山積している．しかし，そうした問題に対してわれわれはほとんどの場合，「ど素人」として直面せざるを得ず，そして決断を求められる．著者たち自身を含めて，このような状況に置かれているわれわれ「ど素人」には，人文社会科学的な知の応用が役立つことが大いにあるのではないか，そしてその実践の一端を示したい，というのが本書の姿勢である．

　本書の中で取り上げている通り，昨今は ESD や地球市民教育といった社会課題解決への方向性を持つ教育が学校教育の中に浸透してきている．著者たちはそこに一筋の光を見つつ，社会変革を創造的に実現する新しい主役たち，すなわち地球市民たちが今後続々と生まれてくることを切望している．本書はその流れを（微力ながらも）支えるものになることを目指した．

　影浦と辰巳が書いたことが妥当かどうかについては，それぞれの読者の批判を仰ぎたい．いずれにしても，環境問題にせよ，社会問題にせよ，その解決の糸口を，ひとりひとりの人間の手元に手繰り寄せることの一助に本書がなれば，これほど幸いなことはない．

影浦 亮平・辰巳　遼

《著者紹介》

影 浦 亮 平 （かげうら　りょうへい）

　千葉商科大学准教授．1981年愛媛生まれ．京都大学総合人間学部卒業後，ストラスブール大学（フランス）で修士課程，博士課程を修了．博士（哲学）．稲盛財団，京都外国語大学，クエンカ大学（エクアドル）等を経て，21年から現職．専門は哲学・倫理学．

主要業績

Doxa : Études sur les formes et la construction de la croyance（共著，Philologicum，2010年）

Joseph de Maistre and his European Readers: Receiving Early Conservatism in the Nineteenth and Twentieth Centuries（共著，Brill Academic Publishers，2011年）

Paradigms, Models, Scenarios and Practices for Strong Sustainability（共著，Editions Oeconomia，2020年）

"Legal and philosophical reflection on traditional medicine and patient's right to personal liberty"（共著，*Journal international de bioéthique et d'éthique des sciences*，Vol. 32，2021年）

"The influence of Joseph de Maistre on the monarchical idea of Kuga Katsunan"（*History of European Ideas*，2021年）

辰 巳　　遼 （たつみ　りょう）

　京都外国語短期大学講師．1986年京都生まれ．京都外国語大学大学院博士課程修了．博士（言語文化）．22年から現職．専門はカルチュラル・スタディーズ，メディア・スタディーズ．

主要業績

Paradigms, Models, Scenarios and Practices for Strong Sustainability（共著，Editions Oeconomia，2020年）

"Fear and cultural Identity: Affect in the Digital Era"（『国際言語文化日本学研究』第5号，2020年）

"Identity Politics and the Global Citizen: The Media Culture and Moral Panic"（『国際協調教育研究』創刊号，2021年）

『南北アメリカ研究の課題と展望』（共著，明石書店，2023年）

「メディアとしての人間──言語文化の重要性とサステナビリティ，ウェルビーイング，多様性の問いに向けて」（『国際協調教育研究』第5号，2024年）

地球市民のための SDGs

2025年4月10日　初版第1刷発行　　＊定価はカバーに
　　　　　　　　　　　　　　　　　表示してあります

著　者　影　浦　亮　平 ©
　　　　辰　巳　　遼

発行者　萩　原　淳　平

印刷者　河　野　俊一郎

発行所　株式会社　晃　洋　書　房
〒615-0026　京都市右京区西院北矢掛町7番地
電　話　075(312)0788番(代)
振替口座　01040-6-32280

装丁　クリエイティブ・コンセプト　　印刷・製本　西濃印刷㈱
ISBN 978-4-7710-3953-7

JCOPY 〈㈳出版者著作権管理機構　委託出版物〉
本書の無断複写は著作権法上での例外を除き禁じられています．
複写される場合は，そのつど事前に，㈳出版者著作権管理機構
（電話 03-5244-5088，FAX 03-5244-5089，e-mail:info@jcopy.or.jp)
の許諾を得てください．